江南三境

诗画狮子林

苏州市狮子林管理处 编

杨旭辉 张婕 主编

苏州新闻出版集团
古吴轩出版社

图书在版编目（CIP）数据

　　诗画狮子林 / 苏州市狮子林管理处编；杨旭辉，　张婕主编. -- 苏州：古吴轩出版社，　2024. 7. --（江南三境）. -- ISBN 978-7-5546-2382-4

　　Ⅰ. K928.73

中国国家版本馆CIP数据核字第20246WP912号

策　　　划：陆月星
责任编辑：戴玉婷
封面设计：白　杨
装帧设计：韩桂丽　杨　洁
责任校对：张雨蕊

书　　名：诗画狮子林
编　　者：苏州市狮子林管理处
主　　编：杨旭辉　张　婕
出版发行：苏州新闻出版集团
　　　　　古吴轩出版社
　　　　　地址：苏州市八达街118号苏州新闻大厦30F
　　　　　电话：0512-65233679　　　邮编：215123
出 版 人：王乐飞
印　　刷：苏州恒久印务有限公司
开　　本：889mm×1194mm　1/32
印　　张：11.75
字　　数：230千字
版　　次：2024年7月第1版
印　　次：2024年7月第1次印刷
书　　号：ISBN 978-7-5546-2382-4
定　　价：98.00元

序

　　《诗画狮子林》面世,令笔者惊喜不已。读着书名,书画墨香扑面而来!

　　全书分上下两编,上编写狮子林诗画兴衰及重振史,下编论园林山水、建筑、植物、文化之境,将层累近七百年的狮子林通过诗画活动和对诗画的分析鉴赏娓娓道来,使园林空间成为充满诗情画意的文化空间,让读者时而醍醐灌顶,时而回味无穷,渐入佳境,享受着狮子林文化大餐。

　　在列入《世界遗产名录》的苏州诸园中,狮子林文化艺术空间戛戛独造:这座初创自元禅宗山林的寺院,从元宗祖师高峰原妙坚守的"遗世孑立"隐修方式,到中峰明本"志在草衣垢面,习头陀行",再到天如惟则"道人肩水灌畦蔬"、绳床瓦灶式的修为,都始终蕴含着民族的悲壮情怀和文人风骨,无疑成为汉民族凝聚力的象征、汉士大夫文人集结觞咏之地。

诗僧天如惟则师承传统，在"万竿绿玉绕禅房"，即景吟诗，享受着"绕池分食喂游鱼""汲泉自试雨前茶"的禅悦与诗情，并用这些诗，点化启发弟子。如此，"清泉白石，悉解谈禅，细语粗言，皆堪入悟"（明高启《师子林十二咏序》），"观水通禅意，闻香去染心"（明释道衍《晚过狮子林》），"清池流其前，崇丘峙其后，怪石嶙崒而罗立，美竹阴森而交翳，闲轩净室，可息可游，至者皆栖迟忘归，如在岩谷，不知去尘境之密迩也。……如病暍人入清凉之境，顿失所苦"（明高启《师子林十二咏序》）。如此，则"名公贵人闻师道风，参拜跪跽，获闻一言如饮甘露然。师机用险峻，倾企莫及，至乎杜门扫却，经岁不出"（元郑元祐《立雪堂记》），"京师集贤、翰林之名德重望"者及外邑"词林赋薮之才俊英游"者，接踵而至，并"托之诗章，以写其景物之胜"。

天如禅师弟子如海禅师，请人与画皆入逸品的倪瓒为狮子林作图。倪瓒之画，在"荒凉""残山剩水"之中，含蓄着一股"灵气"和英雄之气！他身心俱洁，外表波澜不惊，内心却怀有最为壮怀激烈的文人风骨。倪瓒与狮子林精神遇合，不仅为狮子林绘图，并作五言诗："密竹鸟啼邃，清池云影闲。茗雪炉烟袅，松雨石苔斑。心情境恒寂，何必居在山。穷途有行旅，日暮不知还。"狮子林经他绘画品题，声名远播，成为四方学者赋诗作画的名胜之地。且不说苏州狮子林和倪瓒画的艺术魅力造就了两座皇家狮子林，成为园林史上的佳话，《狮子林图》也一度成为汉士大夫特别是"南人"士大夫阶层的精神崇拜符号。很多汉人把倪瓒当作精神偶像，江南甚至"家家有云林"！元末明初著名画家朱德润、徐贲、杜琼也分别为狮子林作画。

从元代至正年至清代咸丰年五百多年间，狮子林举办了多次文学、书画雅集，巨擘云集，《师子林纪胜集》、《师子林纪胜续集》、倪云林《狮子林图》、徐贲诗画题咏《狮子林十二景》等。

《诗画狮子林》着力于狮子林诗画艺术空间的开拓。全书资料翔实，引证丰富，挖掘了很多明清诗文作品。如天津宝坻诗人王煐曾游寓苏州，与李煦和狮子林主人张士俊交往甚密，寓居在狮子林中，还和山东诗人赵执信一起游赏狮子林。在王煐的诗集中就留下了很多写狮子林的诗作，这些诗作收入书中，充实了狮子林空间的文脉传承。

本书对诗画的品鉴、考证，继承朴学传统，言必有据。如对现存诗画的真伪，持谨慎态度。画家朱德润与天如惟则禅师谈禅论道，所画《师子林图》，被卓峰禅师视为珍宝，但本书认为现存朱德润所画的这幅《师子林图》"疑点重重，姑录于此，以备参考"；今故宫博物院藏倪瓒《狮子林图》，采信徐邦达先生《古书画伪讹考辨》一书"旧摹本"的鉴定，称"倪瓒款《狮子林图》"等。书中还提醒我们，倪云林《狮子林图》——"这幅被中国绘画史、园林史大书特书的《狮子林图》，其实还有一位合作者——赵原，似乎是因为倪云林的名气太大，这位合作者逐渐被世人所淡忘"！另外，诸如对明初洪武年间书画盛极而又迅速衰落的原因分析，苏州文氏与文天祥遥远的关系的分析，以及狮子林之屡废屡兴，多有赖于这种形象化的艺术传承和历史记忆、"书比寿长"的推论等，都凿凿有据，体现出严谨的一丝不苟的科学态度。

本书由苏州大学文学院博士生导师杨旭辉教授和苏州市狮子林管理处主任张婕领衔主编、苏州市狮子林管理处工作人员参与写作。笔者在赏读之余，还有两大启示：

狮子林犹如一本积淀着近七百年文化的古籍，杨教授践行"知行合一、经世致用"的为学之道，将深厚的文学功力和严谨的学术态度。运用到园林文学的解读中，为读者提供了一部优秀的园林学术著作，可敬可叹！

张婕作为狮子林的管理者，也是园林文化的守护者、研究者。她引领、培养了一支研究型的园林管理队伍，具有开创性意义！知之深，爱之切，每天带着敬畏心与园林亲密接触，自然有不一般的感受。

　　虽然"一千个读者眼里有一千个哈姆雷特"，但本书提供的大量诗画，慢慢品味，定能使读者齿颊生香！

　　言不尽意，略书数语，以抛砖引玉！

曹林娣

甲辰夏至于苏州南林苑

目　录

御澜亭

披轩阁

人风

休

上编

诗画狮林历史

狮子林的创立与诗文
书画题写的盛况

　　狮子林是苏州古典名园的代表，名列苏州"四大名园"，2000年11月被联合国教科文组织世界遗产委员会列入《世界遗产名录》。因为与佛教的密切渊源，狮子林在苏州诸多古典园林中，显得尤为独特。

　　其名曰"林"，不曰"园"，则清晰地向世人昭示着一个重要的信息：狮子林是一座具有浓郁佛教文化内涵的禅意园林。"林"者，"丛林"也。在佛教经典中，"丛林"是指聚集众僧（"僧伽"）修行的地方，是大智慧、诸善行的聚集。《大智度论》有曰："僧伽，秦言众；多比丘一处和合，是名僧伽。譬如大树丛聚，是名为林。"《大庄严论》亦云："如是众僧者，胜智之丛林，一切诸善行，运集在其中。""狮子"者，乃是佛国神兽，《大智度论》中就有这样的说法："佛为人中师子，佛所坐处，若床若地，皆名师子座。"[1]至于园子以"狮子"命名，就必须讲到狮子林的创建历史，因为园子的首任主人天如惟则禅师（释惟则，号天如）与佛教文化有着多重的因缘。

天如惟则禅师与狮子林之创建

今天的狮子林，太湖石假山群峰间有一座卧云室，室内陈列着一幅木版肖像画，画的便是元代高僧天如惟则禅师。画中的天如禅师"精神慈注，风度高简"，当出自"灵台清空，妙思通幽者"（明释紫柏《广诸祖道影疏》）之手笔。追溯其源，狮子林中的这幅天如惟则禅师画像是根据《佛祖道影》中的木刻线描画翻刻的。

《佛祖道影》是佛教人物木刻版画最重要的作品之一，书中收录历代佛教祖师的画像。明清时期的佛教高僧希望通过"广图祖影，遍流天下""散布十方，永作供养"的形式，使天下的"善男信女，睹影开悟，共证自心"（明释紫柏《广诸祖道影疏》）。所以，这图文结合的版画集，在明清时代很流行。自明太祖"洪武间，黑白中好道者，绘华、梵诸祖道影，自

1　"师"为"狮"之古字，佛教典籍常写作"师"，所以古人题咏狮子林的诗文中，亦常把"狮子林"写作"师子林"。

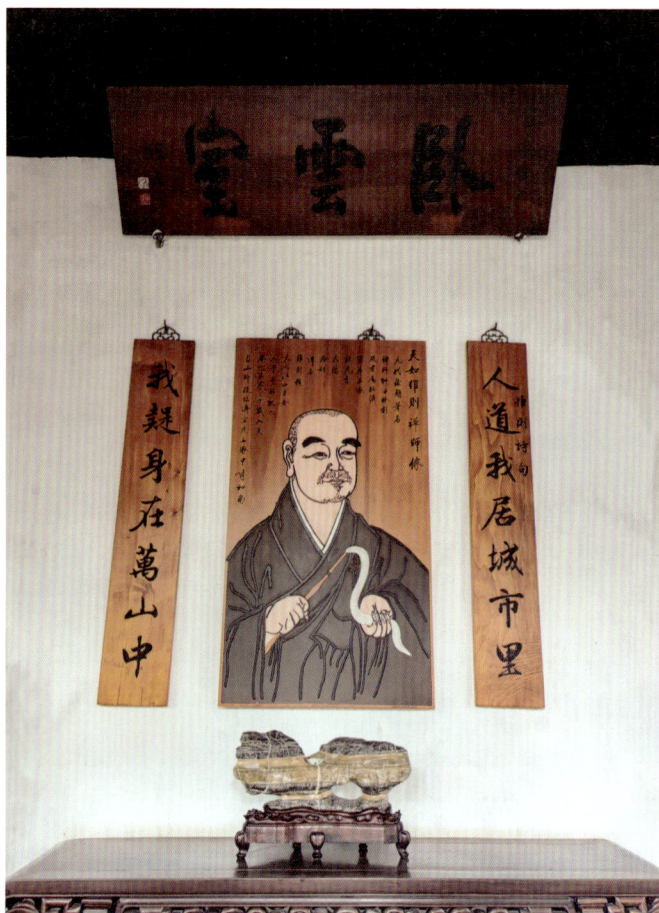

狮子林卧云室内天如惟则禅师画像

五十七世天如維則禪師

《天如维（惟）则禅师》（《佛祖道影》）

大迦叶尊者而下，至国初耆宿百二十尊，藏诸留都（按：明代的南都即今江苏南京）之南牛首山"（明释紫柏《广诸祖道影疏》）。明神宗万历十七年（1589），明代四大高僧之一紫柏真可请擅长佛道画像的著名画家丁云鹏（字南羽，号圣华居士）将其临摹成册。紫柏大师把此事视为"希有胜事"，他在《与黄慎轩》中说："新安丁南羽云鹏手写，而精神慈注，风致静深，实希有胜事也。"万历四十三年（1615），高僧憨山德清为诸祖道影作传赞，图文结合，后世多有刊刻流传。此集经过历代高僧大德的增益，规模蔚为壮观。1955年，虚云大师住持江西云居真如禅寺时，将画像又增加至331幅。

　　天如惟则禅师与狮子林的肇兴有着密切的渊源，他既是这座佛家禅林的开山者，又是园林的第一任主人。狮子林卧云室中供奉其造像，一则体现狮子林作为禅意园林的独特文化内涵，一则更是对680多年悠久历史的追溯。早在狮子林建园之初，卧云室就是天如禅师日常燕居之所，也是他礼佛参禅之所。元代诗人危素在《师子林记》中，有明确的记载："简斋公（按：欧阳玄）题其燕居之室曰'卧云'。"危素也曾作《小偈奉简卧云室中老师》六首，题赠天如禅师，诗中细述天如禅师在卧云室中坐禅礼佛的生活："坐禅铭自集云传，一念还超佛祖前。此是菩提真种子，成华成实自年年。""九衢尘土昼漫漫，瞬息光阴孰控抟？师子林中方入定，天花如雨落岩端。"

　　憨山德清在《佛祖道影》为天如禅师所作的传赞中，曾

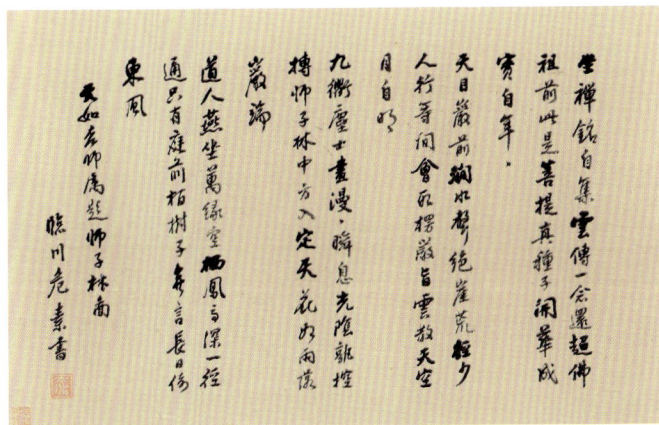

元危素《小偈奉简卧云室中老师》手迹

简要地述及天如禅师的生平及狮子林的建造："师，谭氏，吉安人。出家后嗣法中峰本禅师，峰命首众，众骇且疑。及闻师提唱，莫不膺服。至正壬午，住苏州师子林。师终不肯开堂，唯以庵主礼接众。屡召问，称疾不赴。师既密契宗旨，尝示众曰：'但当信取自家，有个活泼泼的，无所滞碍，直下体取，便是一念相应处。你但一切时、一切处，于心无心，于事无事，自然左右逢源，岂不庆快平生！'后终于本山。有《楞严会解》及《语录》四卷，于世。赞曰：无出豁汉，萋萋蓁若，水边林下，如藏六龟，有时幻住，或师林居，何称庵主，畏作人师。"

天如禅师，俗姓谭，江西吉安人。出家后，"厉志求学"，"勇猛精进"，后来在浙江天目山狮子岩嗣法高僧中峰明本，佛学修为在师弟子中尤为突出，"深造远诣，莫可涯涘"（元危素《师子林记》），深得中峰禅师的赏识。遵明本法师之命，悉心研究《楞严经》，在参考历代研究成果的基础上，撰写并刊行了一部具有集大成性质的《楞严经会解》。

后离开天目山，遁迹吴淞江流域，危素《师子林记》中所谓"退藏于松江九峰者十有余年"也。"松江九峰"，指松江境内的佘山、天马山、横山、小昆山、凤凰山、厍公山、辰山、薛山和机山九座山峰。"三泖九峰"自古以来就是山水胜地，备受文人墨客的青睐，九峰如绽开的莲花荡漾在碧波上，美不胜收。明代松江著名画家董其昌有诗赞曰："九点芙蓉堕森茫，平川如掌揽秋光。人从隐后称湖长，水在封中表谷王。日落鱼龙骄夜壑，霜清钟磬度寒塘。浮生底阅风波险，欲问兼葭此一方。"著名画家倪瓒有不少名作,就是以疏朗的布局、雅淡的笔墨来表现松江(吴淞江)沿岸山水风光的,诸如《渔庄秋霁图》等。在狮子林《听雨楼藏帖》中,就有一幅倪云林的山水画,可以让人充分领略到萧散超逸之美。

退藏于此间的天如禅师,尽情领略着江南泽国的雅淡和悠然自在。他用清新自然的诗笔,描写了吴淞江沿岸的风景,特别是农家耕渔生活的清寂和安详。如,"水转沙涂又一湾,迎船孤塔出烟岚。长江一道横风起,两岸争飞上下帆"(《晓行吴松江》);"竹根吠犬隔溪西,湖雁声高木叶飞。近听始知双橹响,一灯浮水夜船归"(《湖村庵即事三首》其二)。

天如禅师在吴地传道十余年,声名渐起。吴、楚等地的名刹"多欲屈师主之",但天如禅师"坚卧不应",甚至拒绝了很多敕修皇家寺院的邀请。"四方之为学者"依然"奔走其门",问学于天如禅师,每次来都收获满满,诚如危素《师子林记》中所谓"皆虚往而实还"也。

元至正元年(1341),天如禅师传道平江(今江苏苏州)。苏州城里城外山水清旷、树林阴翳,无不深深地吸引着他。天如禅师不免产生结庐吴中的想法。其实早在浙江的时候,天如禅师就流露出对苏州的向往,如他在《径山送瑰上人归吴门》一诗中所说:"吴门长想是吾州,城北城南半旧游。佛塔分标林野寺,客帆飞绕市河楼。送君忽觉襟期动,老我难忘脚债酬。七十二峰看橘柚,买舟重约太湖秋。"

苏州众多的追随者得知天如禅师有结屋吴中的想法之

元倪瓒《山水画》，狮子林碑刻

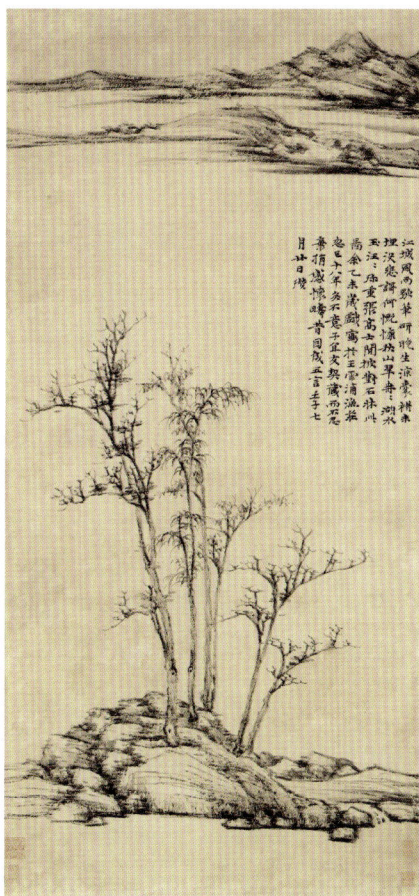

元倪瓒《渔庄秋霁图》（上海博物馆藏）

后，遂于"至正二年壬午，师之门人相率出资"，在苏州城东娄门、齐门间，购买了一块"前代贵家别业"的地基，"买地结屋，以居其斯"（元欧阳玄《师子林菩提正宗寺记》）。经过一段时间的营缮建造，寺园合一的古典园林——师（狮）子林和佛家禅宗寺庙——菩提正宗寺建成。这诚如宇文公谅在《寄天如长老禅室》诗中所说的"吴会山水国，清旷娱人心。矧兹祇园地，真成师子林"。所谓"祇园"是祇树给孤独园的简称，是印度佛教圣地之一，后世常用来代指佛教寺庙。

园林中的禅意与哲学思辨

园子建成后，何以命名为"师（狮）子林"？危素在《师子林记》中归纳了两个原因。一是园中的山石形似狻猊（狮子）。园子里布置了很多太湖石假山，其中的主峰"奇怪而居中最高"，"状类师子"，在主峰两旁还有几座造型优美的独峰：含晖峰、吐月峰、立玉峰、昂霄峰，诸峰四周，则参差错陈着群峰，"乱石磊碨，或起或伏，亦若狻猊然，故名之曰师子林"（元危素《师子林记》）。至于第二个原因，据危素的了解，中峰明本禅师住持的天目山"有岩号师子"，天如禅师将新修的园寺命名为"师子林"，"是以识其本云"。由此可知，天如惟则禅师想借此表达对本师的尊敬和纪念。

还有一种理解，在当时也颇为流行：因为狮子是佛国神兽，园寺中"林木蔽翳，苍石巉立"，"兹林曰师子"，大概是因为狮子"威猛可以摄伏群邪"，或者因为"狮子吼"，"以其声容可以破诸障"。为此，画家朱德润曾当面向天如禅师请教，禅师的回答是否定的，并且明确说道："石形偶似，非假摄伏而为。"其中"有不言而喻者"也。所谓"不言而喻者"，正是天如禅师佛学思想的集中体现。在许多人看来，身处"世道纷嚣"之中，如果不假借狮子、龙象等神兽的威猛"形色"，"则不能摄诸敬信"。但天如禅师"以师子名其林者，姑以遇世纷，而自得于不言者"，因为他坚信内心的"真实可以破诸妄，平淡可以消诸欲"，并不需要"托诸狻猊"，借助外在的声、形、色来摄伏开示世人。与天如禅师的一番谈话后，朱德润亦理解到狮子林命名之深意，他在《师子林图序》的结尾处总结道，"虽然，观于林者，虽师石异质。一念在师，石皆师也；一念在石，师亦石也"，此之谓"师石两忘者乎！"对狮子林的命意作如此理解，较之危素文中所说的两层意思，更具哲学的高度，真正发覆了狮子林作为佛教园林所独有的睿智和理趣。对此，欧阳玄在《师子林菩提正宗寺记》中也有相关的论述，对天如禅师"物我两忘"的境界尤为推崇，且言之凿凿而明晰可解，可资参考。其文有曰："虽然，物有禁格而后有伏降，有比拟而后有真赝，孰若物我两忘，形势俱泯，以师子还师子，以石还石，以林还林，然后佛自还佛，法自还法，菩萨自还菩萨哉？论至于是，师必有以警策其徒矣。"

如此看来，天如禅师对其师尊中峰明本禅师的尊崇，不仅是停留在用狮子的形象表达对天目山狮子岩的追念，更是

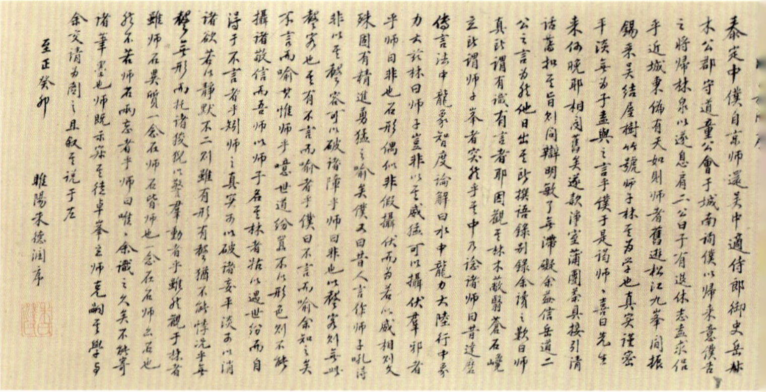
泰定中僕自京师還吴中適侍郎御史岳林
木公郡守道童公會于城南詢僕以歸來意僕告
之將歸林泉以遂息肩二公曰子有退休志盍求侶
乎近城東偏有天如則师者舊游松江九峯間振
錫來吴結屋樹竹號师子林其為学也真實謹密
乎淡無為于盍與之言乎僕于是謁师，喜曰先生
來何晚耶相閔舊矣遂款净室蒲團茶具接引清
話蓋知其旨則問辯明敏了無滯礙余益信岳道二
公之言為然他日出其所撰語録別録余讀之歎曰师
真所謂有識有言者耶因觀其林木蔽翳蒼石巉
立所謂师子峯者突然乎其中乃諗諸师曰昔達磨
傳言法中龍象智度論解曰水中龍力大陸行中象
力大於林曰师子豈非以其威猛可以攝伏羣邪者
乎师曰非也石形偶似非假攝伏而為若以威相則又
殊因有精進勇猛之喻矣僕又曰昔人言作师子吼詩
非以其聲容可以破諸障乎师曰非也以聲容則無哮
聲實也其有不言而喻者乎僕曰不言而喻余知之矣
不言而喻其惟师乎噫世道紛罵不以形色則不能
攝諸散信而吾师以师子名其林者殆以遏世紛而自
得于不言者乎則师之真實而以破諸妄平淡而以消
諸欲若以靜默不二則雖有形有聲猶不能悖況乎無
聲無形而托諸狻猊以聲羣動者乎雖然觀于林者
雖师石異質一念在师石皆师也一念在石师亦石也
然不若师石兩忘者乎师曰唯。余識之久矣不能寄
諸筆墨也师既示寂其徒卓峯立师克嗣其學與
余交請為圖之且叙其説于左
至正癸卯　睢陽朱德潤序

元朱德润（款）《师子林图序》

秉承传续了中峰禅师的"看话禅"。天如禅师非常注重参悟公案、话头，由此直指人的本心。中峰禅师揭橥的"柏子树""梅子熟"等公案、话锋，在狮子林最初的营造中得到了充分的体现。寺园中有指柏轩、问梅阁等，无一不是以佛家机锋命名。对此，危素在《师子林记》中就曾明确指出："庭有柏曰腾蛟，梅曰卧龙，皆故所名。今有指柏之轩、问梅之阁，盖取马祖、赵州机缘，以示其来学。"直到今天，狮子林中依然有指柏轩、问梅阁，体现了这座古典名园深厚禅宗文化底蕴的传承。

"问梅"一典，出自《五灯会元》卷三："师（按：大梅和尚）曰：'大师向我道：即心是佛，我便向这里住。'僧曰：'大师近日佛法又别。'师曰：'作么生？'曰：'又道：非心非佛。'师曰：'这老汉惑乱人，未有了日。任他非心非佛，我只管即心即佛。'其僧回举似马祖，祖曰：'梅子熟也！'庞居士闻之，欲验师实，特去相访。才相见，士便问：'人向大梅，未审梅子熟也未？'师曰：'熟也。你向甚么处下口？'"这是一个非常著名的佛教公案，大梅法常师承马祖道一，受马祖"即心是佛"的启发，顿悟有所成，在大梅山住持。后马祖派一僧前去了解试探大梅和尚的修为，僧人告诉大梅："马祖今日佛法有别于昔日的'即心是佛'，现在主张'非心非佛'。"大梅的回答非常坚定："这个老汉老是迷惑人，没完没了。我不管他说什么'非心非佛'，我只管我的'即心即佛'。"马祖得知，赞叹道："梅子熟也。"以此肯定弟子大梅的佛学造诣。大梅和尚通过参悟"即心是佛"，明心见性，完全打破包括权威偶像在内的一切外在世界的束缚和牵绊，最终实现自我的觉醒，获得精神世界的自由、自足。

"指柏"一典，出自《五灯会元》卷四：时有僧"问：'如何是祖师西来意？'师曰：'庭前柏树子。'曰：'和尚莫将境示人。'师曰：'我不将境示人。'曰：'如何是祖师西来意？'师曰：'庭前柏树子。'"这个著名的佛教典故中，蕴含着佛教禅宗启发人们在默然会心中"自识本心"的家法，这也就是常为人们熟知的"教外别传，不立文字"。

在天如禅师入住狮子林之后，很多诗人词客为其题诗吟咏，在写到指柏轩和问梅阁时，都会用诗歌的语言阐发其中的禅意："座前弟子云绕旋，旛幢建在师子边……玉鉴淳淳远相照，指柏轩中一微笑。"（元曾坚《师子林歌》）"多士来参兰若林，阿师语默示无心……柏轩梅阁春无恙，解组何时遂雅寻。"（元周伯琦《五十六字奉上天如禅伯》）苏州著名诗人高启在《师子林十二咏·指柏轩》这首绝句中，写得更为浅近明晰："清阴护燕几，中有忘言客。人来问不应，笑指庭前柏。"

狮子林的这一哲学内涵和文化意蕴在后世的诗画创作中一直得到很好的延续。清代乾隆皇帝对狮子林情有独钟，多次吟咏，曾在一组《狮子林八咏》中，写诗作序品评狮子林中的纳景堂曰："镜水写形，遇以无心，而景自为纳斯堂，所得殆乎近之"（清弘历《狮子林八咏·纳景堂》序）；"花木四时趣，风云朝暮情。一堂无意纳，万景自为呈。色是空中色，声皆静里声。纵然声色表，五字亦因成"（清弘历《狮子林八咏·纳景堂》）。现在狮子林古五松园的庭院中有一处砖雕门额"得其环中"，依然在向游客昭示着狮子林数百年以来的哲学文化意蕴。只不过这里所运用的是道家的典故，其典出于《庄子》。在庄子看来，"得其环中"应用极广，也是极高的哲学境界，"得其环中，以应无穷"（《庄子·齐物论》），"得其环中以随成"（《庄子·则阳》）。唐代哲学家成玄英在疏解《庄子·盗跖》篇时，曾对"环中之道"有过具体深入的阐释："执于环中之道以应是非，用于独化之心以成其意，故能冥其虚通之理，转变无穷者也。"（唐成玄英《南华真经疏·盗跖》）超然于物外，不受外物的束缚和干扰，以自己"独化之心"，终能领悟"虚通之理"，这是道家的至境，何尝不与中峰明本、天如惟则以来临济宗"看话禅"的传统异曲同工、殊途同归？

自天如禅师开始，以佛教公案、机锋入手，开示诸弟子和僧众，已然成为狮林禅寺的传统，园中的石峰、松柏、寒梅，无不成为讲经说法时的机锋依借。此外，历任住持也会因地制宜，信手拈来，把园寺中收藏的，或是自己寓目的画作，借来说法，启发弟子僧众。天如禅师在一篇画跋《维摩示疾图序》中讲到，他曾用宋代画家李公麟的《维摩示疾图》，启发开示他的弟子如海正因（后来成为狮林寺的第三任主持，被人尊为"如海因公"），反复申说参禅悟道的关键"在我而不在彼"，需要"求诸己而得之"。其中有云："新学苾刍（注：

狮子林古五松园砖雕门额"得其环中"

元柯九思《竹林大士像》（台北故宫博
物院藏）

biéchú，受戒的佛家弟子）正因持《维摩示疾图》，请开示《维摩经》之大意。乃语之曰：'……今尔新学，而得是图，当按图以求经旨，依经旨以反求诸己，求诸己而得之，则不思议解脱在我而不在彼矣。苟不然者，何所取于图哉？复何所取于余言也哉？'时至正七年，岁在丁亥八月既望，师子林天如惟则叙。"（清陆时化《吴越所见书画录》卷一）后来如海因公也用这幅画来说法布道。

把自己对佛道的理解和诗画艺术相融合，对天如禅师来说，是禅修入定的常态而已。在他存世的文字中，就有不少极富禅意的诗歌和书画题跋。他在欣赏赵孟頫的《庄子画像》时，便有"翘翘招招，飘飘萧萧"，"展两手兮游逍遥"，"风一息兮万籁声消"（元释惟则《跋庄子画像赞轴》）的精神体验。著名画家柯九思曾为天如禅师画过一幅水墨画《竹林大士像》，在画卷上，柯九思恭敬地题款"弟子柯九思拜写"，并钤印朱文印"柯九思敬画"。此画曾藏于乾清宫，清人王杰《秘殿珠林续编》卷三有著录，今藏于台北故宫博物院。在欣赏完这幅观音大士图之后，天如禅师一方面赞赏柯九思"兴来纵笔"，在"丹铅粉墨之外"表现出洒然的艺术境界；另一方面，在赏画、论画的同时，也分明感悟到禅宗"即心是佛"这一哲理意蕴。他在跋文和佛赞中写道："柯丹丘墨竹妙天下，其法出于文湖州。而画观世音，则千百中之一也。盖丹丘游戏翰墨，不作行家蹊径，兴来纵笔，固有出于丹铅粉墨之外者。佛不云乎：'以法眼观，无俗不真；以世眼观，无真不俗?'信然哉!敬为之赞曰:紫竹林中,现童女相。宝珠缨络,龙宫海藏。天人导师,具大慈悲。杨枝净水,供养六时。沙门维则拜书(钤印'师林维则')。"

至于用诗歌作品来点化启发弟子,则更是家常便饭。他曾作古诗《可庭歌》一首,赠其弟子讵可庭(天如禅师圆寂后狮林寺的继任住持,古文献中又称之为卓峰立公、立公、克立、可庭上人等),向弟子阐说佛教的哲理,"为他露个真消息":

> 可师立处一庭雪,金刚脚跟冻欲裂。觅心不得便心安,敢保老兄犹未彻。一方明月可中庭,妄认浮光昧己灵。未明光境俱亡话,屋底窥天天杳冥。别有可庭非此类,以可为庭无向背。万象交参齐点头,谁道我宗无肯意。有时捏聚轮围山,浮幢王刹手可攀。佛佛祖祖落阶级,只在周遭檐庑间。有时放开空索索,十方洞然无壁落。堂上一呼人不闻,舜若多神随应诺。黄叶飘飘砧杵间,修廊浩浩鸣松风。生台得饭鸟声乐,一一代我谈心宗。今人未信吾言直,门户万差难可测。虚空落地已多时,柏树子不肯成佛。却请盘龙讵可庭,为他露个真消息。

全诗由弟子的法号"可庭"入手,通篇化用唐代诗人刘禹锡《金陵五题·生公讲堂》的诗意:"生公说法鬼神听,身后空堂夜不扃。高坐寂寥尘漠漠,一方明月可中庭。"生公(东晋高僧竺道生）说法，顽石点头，这是非常著名的典故，虎丘山麓的千人石、生公讲台也因此而名闻天下。刘禹锡的"一方明月可中庭"是脍炙人口的佳句，但在天如禅师看来，它只是停留、执着在"光""境"二物上，就佛学修为的境界来说，尚处于"觅心不得便心安"的低阶状态，因为明月朗照其实遮蔽了人的本心自性，所以离自觉彻悟的大境界还有很大的差距。难怪天如禅师会笃定地说道："敢保老兄犹未彻。"在赠诗中，天如禅师真心希望弟子能够突破"妄认浮光昧己灵"的阶段，在理解"光境俱亡"这一话锋的过程中，心心无知，见心见佛，最终领会佛家"真消息"。需要补充说明的是，"光境俱亡"这一话锋，出自佛教经典《五灯会元》："（盘山宝积禅师）……：'夫心月孤圆，光吞万象。光非照境，境亦非存。光境俱亡，复是何物？……心心无知，全心即佛，全佛即人，人佛无异，始为道矣。'"

天如惟则禅师能诗，他的《天如惟则语录》中就著录了他创作的诗歌。禅居徜徉在狮子林，其很多写园景的诗中都寓含禅思和理趣，如《师子林即景十六首》中，就有这样的诗句：

鸟啼花笑屋西东，柏子烟青芋火红。
人道我居城市里，我疑身在万山中。

指柏轩中六七僧，坐忘忽怪异香生。
推窗日色暖如火，薝卜花开雪一棚。

语默无心道自隆，目前谁解显吾宗。

长长短短象牙竹，怪怪奇奇师子峰。

今天狮子林卧云室内天如禅师画像旁所挂楹联，就用了"人道我居城市里，我疑身在万山中"这一联诗句。天如禅师称喻狮子林为"城市山林"，这在同时代人的文字中亦可得到印证："林木翳密，盛夏如秋，虽处繁会，不异林壑。"（元危素《师子林记》）虽然身居城市的纷扰和喧嚣中，但天如禅师深感自己处在静谧的万山之中，因自己"语默无心"的修行，终把狮子林营造成为红尘中的"一方净土"和"精神绿洲"，这岂不正是陶渊明所谓的"心远地自偏"吗？在诗书画的风雅中，让日常的饮食起居和礼佛参禅，具有了徜徉自然山水和艺术间的惬意和自在，亦有了陶渊明式的高情逸韵，这正是宋元以来文人士大夫最为理想的一种生活状态。因而，天如禅师一时拥有了大量的拥趸和追随者。难怪欧阳玄要感慨并盛赞天如禅师对禅宗临济宗所做的贡献："故自中峰以来，临济一宗，化机局段为之一变焉。"（元欧阳玄《师子林菩提正宗寺记》）

无论是狮子林，还是菩提正宗寺，其规模都不大。观其布局，"屋虽不多，而佛祠、僧榻、斋堂、宾位，萦回曲深，规制具备"（元危素《师子林记》），"崇佛之祠，止僧之舍，延宾之馆，香积之厨，出纳之所，悉如丛林规制"（元欧阳玄《师子林菩提正宗寺记》）。但它们却因优美寂谧的境界，特别是天如禅师深厚的禅学修为，深受吴中人士之推崇，一时成为名胜。当时的盛况，郑元祐《立雪堂记》中有这样的记载："名公贵人闻师道风，参拜跪踣，获闻一言如饮甘露然。师机用险峻，倾企莫及，至乎杜门扫却，经岁不出。"但凡前来拜访者能听到天如禅师一句话的开示，无不是醍醐灌顶，"如饮甘露"。正所谓"山不在高，有仙则名；水不在深，有龙则灵"，狮子林及菩提正宗寺一时备受苏州人的推重，主要是因为天如禅师的个人魅力。元至正十年（1350），李祁在为《师子林诗》作序时就作过这样的解说："余尝观其地之广，不过十余亩，非若名山巨刹之宏基厚址也；屋不过一二十楹，非若雄殿杰阁之壮丽焜耀也；其徒众、仆役不过十数人，非若高堂聚食常数千指也。若是而能得名于当时之士大夫，无乃以其人而不以其地欤！……是以世之贤士大夫莫不慕其为人而乐谈其道，即其地而赋其景耳。"（元李祁《师子林诗序》）

随着"道价日增"，前来狮子林参禅问道的人越来越多，天如禅师一时名动京师。但是他绝不为"名闻利养所动"，多次拒绝住持皇家大寺院。郑元祐《立雪堂记》中对天如禅师的评价，几乎可以视为当时人们普遍的观点："世习下趋，岂但人情而已，要离出世间者，亦罕不为名闻利养之所动。若天师者，殆所谓香象渡河，金翅擘海，为砥柱于波颓澜倒之日，振清风于炎埃腥腐之中也欤！"

托之诗章与丹青的末世风雅

狮子林逐渐成为苏州最炙手可热的胜地，前来礼佛参禅和游园赏景的人越来越多，其中不仅有苏州本地人士，也不乏"京师集贤、翰林之名德重望"，还有外邑"词林赋薮之才俊英游"者。这些文人墨客在游历之后，更"托之诗章，以写其景物之胜"，难怪李祁在《师子林诗序》中会说："世之贤士大夫，莫不慕其为人而乐谈其道，即其地而赋其景耳。"据李祁《师子林诗序》，甚至还有本人从未到过狮子林，"足未及造其境"，但早已心驰神往于此，"而心与之游"的文人，在读了他人的诗文作品之后，也凭"想像摹写，以极其趣"，题写了一首首咏狮子林的诗歌。

天如禅师的弟子诇可庭将这些描写题咏狮子林的诗歌作品"裒之以为卷"，编成一部《师子林诗》，期"以传永久"。作为得道高僧的诇可庭，自然也明白"欲知师之道者"，"无待于诗"，"当于此卷之外求之"（元李祁《师子林诗序》）这一层道理，但这只是佛门中的机锋话头，说说而已。正因为有了他编纂诗集的这一有心之举，才使得六七个世纪以后的现代人，依然可以通过诗歌作品，清晰地感受到元代狮子林的美景和盛况。诸如韩玙《题天如禅师师子林》一诗的首尾就明确说道："高会清凉振斗茸，广开箕吻吼晴空……禅林多致传京阙，拟向东吴挹化风。"从中可见，吴中狮子林，一时成为天下禅风高会的引领，京城人士无不对它垂青不已。

众多留存至今的诗歌作品中，天如禅师的《师子林即景十六首》无疑是最值得我们关注的。这些作品收录于《天如惟则语录》，顾嗣立《元诗选》中收录了其中的六首。这些诗歌，既有摹写寺园实景的，也有再现天如禅师园居禅修生活景况的，除了前文提及的三首，不妨再读几首：

> 万竿绿玉绕禅房，头角森森笋稚长。
> 坐起自携藤七尺，穿林络绎似巡堂。

> 相君来扣少林宗，官从盈门隘不通。
> 散入风亭竹深处，石床分坐绕飞虹。

> 道人肩水灌畦蔬，托钵船归粟有余。
> 饱饭禅和无一事，绕池分食喂游鱼。

> 灶儿深夜诵莲花，月度墙西桧影斜。
> 经罢辘轳声忽劢，汲泉自试雨前茶。

前两首分别描写了寺园中的"竹谷"（后改名"栖凤亭"）和"小飞虹"（桥名）等景点的风景形胜；后二首则以平淡冲和的笔调，把自己在狮子林中挑水灌园、绕池喂鱼、深夜诵经、汲泉煎茶的日常生活写了出来，传神地突现、塑造了一位"托钵船归"的高僧形象。

当时题诗以赠天如禅师者，遍布全国各地，其中有钱良右（字翼之）、陈谦（字子平）等苏州本地的诗家，也有蜀人张兑（字文悦），江西人危素（字太朴）、周伯琦（字伯温）、周樨（字大年）等，甚至还有来自西域的伊斯兰教教士答失蛮彦修。答失蛮彦修作有《近律一首奉致师子林》，赠与天如禅师。在这位伊斯兰教教士的眼中，佛门圣地狮子林是令人神往的。在诗中，他对诗意的苏州园居生活，表达了无限向往之情，发出了这样的感慨："闻道高人雅爱山，烟霞深处结禅关。参差修竹鸣寒玉，磊硵奇峰耸翠鬟……扁舟何日休官去，只在姑苏共往还。"在诸位诗人中，侨居苏州的诗人郑元祐，对狮子林及其相关人物很关注。他留下的相关文字不仅多，而且艺术水准也较高，不妨一起赏读几首：

翔翔朝阳孤凤皇，绿筠千尺起高冈。
何人解续卷阿颂，戛玉鏦金昨晚凉。

反覆禅机老赵州，庭前柏树几经秋。
空林元自无枝叶，莫看神鸾宿上头。

活水涓涓一鉴开，玉光射日莹无埃。
临流照见行禅影，天际孤云暮地来。

这三首诗是郑元祐组诗《师子林八景》中的作品。这组诗不见于郑氏的《侨吴集》，收录于《师子林纪胜集》。第一首描写园中篁竹与山石映衬的美景，后两首则是对天如禅师借景悟禅机的生动写照，其中的意蕴与危素《小偈奉简卧云室中老师》"道人燕坐万缘空，栖凤亭深一径通。只有庭前柏树子，无言长日倚东风"；"师子林中方入定，天花如雨落岩端"所表达的一致。在这组诗之末尾，郑元祐有一段题跋，述及自己、时人与狮子林的文字因缘，其中有曰："天如和尚上嗣普应国师，倡道东南。其谢绝诸方，一以国师遗训。既却扫松江之上，而中吴之人，必欲得和尚来吴也，于是建师子林以延致之。居亡何，四方之士为诗歌，以寓其游从之意者凡若干。余亦随例赋长句一篇，复作八绝以咏其景物，后之来者纪咏续至，当不止此云。"

与诗歌相比，欧阳玄、危素等人所写的序记文章，对狮子林周围的环境及园寺之中建筑布局的叙写更为全面细致。在此不妨援引其中两个段落，以约略了解狮子林建园之初的基本格局和面貌：

> 因地之隆阜者，命之曰山；因山之有石而崛起者，命之曰峰。曰含晖、曰吐月、曰立玉、曰昂霄者，皆峰也。其中最高、状如狻猊，是所为师子峰，其膺有文，以识其名也。立玉峰之前，有旧屋遗址，容石磴，可坐六七人，即其地作栖凤亭。昂霄峰之前，因地洼，下浚为涧，作石梁跨之，曰小飞虹。他石或跂

或蹲，状如狻猊者不一，林之名，亦以其多也。寺左右前后，竹与石居地之大半，故作屋不多，然而崇佛之祠、止僧之舍、延宾之馆、香积之厨、出纳之所，悉如丛林规制。外门扁曰"菩提兰若"，安禅之室曰"卧云"，传法之堂曰"立雪"。庭旧有柏曰腾蛟，今曰"指柏轩"。有梅曰卧龙，今曰"问梅阁"。竹间结茅曰"禅窝"，即方丈也，上肖七佛，下施禅坐，间列八镜，光相互摄，期以普利见闻者也。大概林之占胜，其位置虽出天成，其经营实由智巧。究其所以然，亦师之愿力所成就也。

——元欧阳玄《师子林菩提正宗寺记》

林中坡陀而高，石峰离立。峰之奇怪而居中最高，状类师子，其布列于两旁者，曰含晖、曰吐月、曰立玉、曰昂霄，其余乱石磊魂，或起或伏，亦若狻猊然，故名之曰师子林。且谓天目有岩号师子，是以识其本云。立玉峰之前，故有栖凤亭，容石磴，可坐六七人，遗基在焉。架石梁绝涧，名小飞虹，昔人刻字尚存。修竹万个，绕其三面，高昌石岩公（按：指欧阳玄）为书"菩提兰若"榜其门。简斋公题其燕居之室曰"卧云"，传法之堂曰"立雪"。庭有柏曰腾蛟，梅曰卧龙，皆故所名。今有指柏之轩、问梅之阁，盖取马祖赵州机缘，以示其来学。曰冰壶之井，玉鉴之

池，则以水喻其法性云。师子峰后结茅为方丈，扁其
楣曰禅窝，下设禅座，上安七佛像，间列八镜，镜像
互摄，以显凡圣交参，使观者有所警悟也。

——元危素《师子林记》

把这两篇记文对照起来读，即便时过境迁，我们今天依
然可以清晰地了解狮子林创建之初的基本面貌。整个寺园的
造景以石峰为中心，无论是叠山理水，还是建筑的营缮，都讲
究和石峰之间的呼应映衬；与此同时，还紧紧扣住禅宗的机
锋话头，凭借依傍着园中旧有的梅、柏、竹等植物，营建具有
浓郁禅宗意趣的建筑。

明代初年，被高启等人誉为"狮林十二景"的狮子峰、含
晖峰、吐月峰、小飞虹、禅窝、立雪堂、卧云室、指柏轩、问梅
阁、竹谷、玉鉴池、冰壶井等景点均已初具规模，并成为诗文
作家题咏的重点。关于"狮林十二景"之形成，明代太仓文
学家王世贞在《书文徵仲补天如狮子林卷》中有过简明而清
晰的交代："天如尝有十六绝句，颇纪其胜。法嗣善遇辈，遂
厘十二景。"由此可知，天如禅师生前并无十二景之说，郑元
祐的组诗《师子林八景》，所取八景，应该是诗人的个人取
舍。后来，天如禅师的法嗣弟子善遇等人，在师父十六首诗
的基础上，对园中之景进行整修和厘定，最终确定为"师林
十二景"。自此以后，文人墨客的挥翰题诗和泼墨写照，都以
"十二景"为题。

狮子林群峰之中的卧云室

元至正十四年（1354），天如惟则禅师圆寂。此后的数年中，他的弟子卓峰立公（讵可庭）和如海因公（如海正因）先后继任寺庙的住持，成为狮子林的第二、第三任主人。这两位继任者，经历了元末战争和改朝换代的社会动荡，但依然坚守着师父传承下来的基业，使狮子林这座禅林"经变而不坠"。对他们的"承守"之功，明初苏州著名文学家、诗人高启不吝赞誉之词，曾说道："盖创以天如则公愿力之深；继以卓峰立公，承守之谨；迨今因公（按：如海因公）以高昌宦族，弃膏粱而就空寂，又能保持而修举之，故经变而不坠也。"

卓峰立公，人又称之为卓峰克立。临川（今江西抚州）人。狮子林菩提正宗寺继惟则之后的第二任主持。欧阳玄《师子林菩提正宗寺记》中写道："寺成之十三年宜春比丘嗣谈以临川比丘克立所撰事状，来京师谒余为记。"

卓峰上人于至正癸卯（二十三年，1363年）重阳节，邀请画家朱德润为狮子林作画。此事的来龙去脉，在朱德润所作的《师子林图序》中有明确的记载。朱德润曾与天如惟则禅师有过密切的交往，也曾一起谈禅论道，朱德润曾对天如禅师说："一念在师，石皆师也；一念在石，师亦石也。"听闻此语，天如禅师略有遗憾地说道："唯唯，余识之久矣，不能寄诸笔墨也！"在那时，画家似乎应该曾有过为狮子林作画的想法。为狮子林绘图以传世一事，直到天如禅师圆寂后，才由其弟子卓峰禅师实现。朱德润在画序中说道："师（按：指天如惟则禅师）既示寂，其徒卓峰立师，克嗣其学。与余交，请为图之，且

系其说于左。至正二十三年，岁在癸卯重阳日。老睢阳山人朱德润谨序。"（此处文字据钱榖《吴都文粹续集》卷三十）

朱德润所画的这幅《师子林图》，被卓峰禅师视为珍宝，时常伴随身旁。卓峰禅师在云游北方时，曾将这幅画带到大都（今北京），与人共赏。元末明初文人何贞（字彦正）的《阅可庭所示师子林图》一诗，在其起首四句中就透露出这一重要线索："上人吴中来，访我燕山麓。图示师子林，胜景纷在目。"何贞等生活居住在北方的人士看到《师子林图》时，对此画和狮子林，都纷纷称叹不已，何贞在接下来的诗句中就详细地描写了画面，并表达出无限的神往之情，其中有云："曲涧驾飞虹，招提俯岩谷。小沼近山开，芳亭依树筑。石峰何低昂，连云傍修竹。岂无点头意，凌霄如立玉。黄昏吐孤蟾，清晓含新旭。尤爱柏与梅，岁寒伴幽独。老师住其间，澹然无所欲。经年不出户，深径莓苔绿。坐看行云驰，卧与归云宿。亦欲共遨游，地远谁能缩？"

如海因公继任寺院住持后，更将朱德润之《师子林图》视为珍璧，把此画卷与高启等多位名士题咏狮子林的诗歌墨迹装裱在一起，作为卷首。高启在为这一《师子林十二咏》长卷作的序言中，就有明确的表达："好事者取其胜概十二，赋诗咏之，名人韵士属有继作。住山因公裒为卷帙，冠以睢阳朱泽民（按：朱德润，字泽民，号睢阳山人）旧所绘图，而请余序焉。"（明高启《师子林十二咏序》）

朱德润所画的这幅《师子林图》，后不知所终，今概不

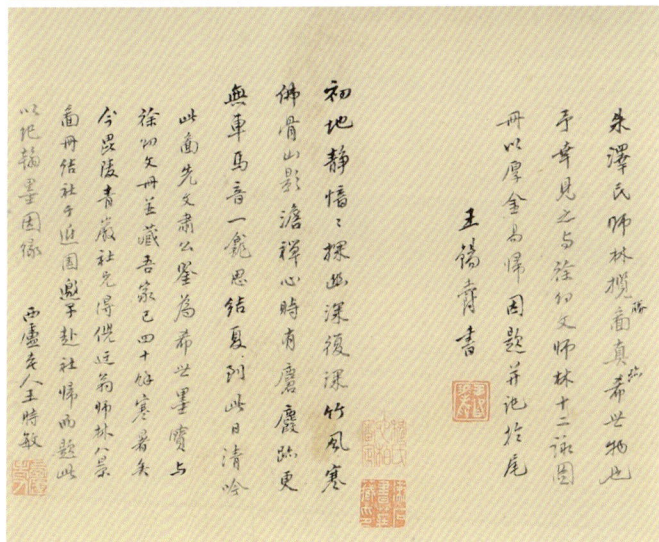

元朱德润（款）《师子林图》局部

元朱德润（款）《师子林图》

存矣。2013年9月，北京亨申拍卖《东瀛遗珠——中国书画专场》图录中有款署"朱德润"的《狮子林图》水墨纸本手卷。笔者对画作构图、笔墨及题跋、款识等方面综合考量，此画绝非朱德润之作，估计是清人模仿之手笔。据前文所引文献，朱德润是应卓峰上人之请画《师子林图》的，然而此画上的落款却是"至正癸卯之春，如海因师属写，朱德润"，且作画时间亦不合。此卷卷首有王锡爵题"狮林揽胜"，卷末有王锡爵、王时敏跋，无不将此画视为"希世物""希世墨宝"，然王锡爵、王时敏祖孙的存世文字中，从未谈及曾收藏朱德润《师子林图》，观题跋书法亦不伦。此画疑点重重，姑录于此，以备参考。

元末，还有一位苏州画家陆广也曾画过《师子林图》。陆广，字季弘，号天游生，元代末年苏州画家，擅画山水，取法王蒙，画风轻淡苍润，萧散有致。明朱谋垔《画史会要》卷三："陆广，字季弘，号天游生，吴人。画仿王叔明，落笔苍古，用墨不凡。其写树枝，有鸾舞蛇惊之势。尝见其《秋江渔笛图》，题云：'芦花飞雪满天秋，人在思归两地愁。长笛一声江上晚，却惊鸥鹭散前洲。'"

陆广所画作品今已不见，但在清初依然存世，且受到画家的追捧和好评。清康熙十五年（1676），著名画家王翚就曾临摹过陆广的《师子林图》。王翚在画卷上的款识明确题道："仿天游生师子林图。丙辰三月六日，吴门客馆为御陛长兄。太原王翚。"他的好友恽寿平也在画卷上题跋曰："香

清王翚《仿天游生师子林图》

满池南紫翠浮，如闻鸣鹤下丹丘。何从得此间林壑，戴笠来寻物外游。丁巳八月在衣香阁观此图叹赏。竟日因题。南田恽寿平。"

卓峰立公之后，天如禅师的另一位弟子如海因公继任师子林菩提正宗寺（狮林寺）的住持。如海因公，本是高昌（今新疆吐鲁番市高昌区）的宦族子弟，家境殷实，但他为了佛教事业，毅然决然地放弃了家中丰厚的财富，来到苏州，追随天如禅师。

如海因公住持狮子林时，正值元末兵荒马乱的乱世。经历一次次战争兵燹的洗劫，苏州城内外"薨栋相摩"的"穹台杰阁"、百十处寺庙，几乎都"委废于榛芜，扃闭于风雨"，但凡经过看到此情此景者，无不"为之踌躇而凄怆"。虽然狮子林没有其他寺庙那样的"宏壮严丽"，但狮子林幸运的是有如海因公的护持，园寺不仅"经变而不坠"，反而愈发清幽雅致。明洪武五年（1372），高启在《师子林十二咏序》中摹写其状有曰："而师子林泉益清，竹益茂，屋宇益完"，"清池流其前，崇邱峙其后，怪石嶙峚而罗立，美竹阴森而交翳，闲轩净室，可息可游，至者皆栖迟忘归，如在岩谷，不知去尘境之密迩也"。这是一段特别艰难的守成经历，如海因公为之付出的努力和艰辛可想而知，正是因为一代代的传承、坚守，以及"保持而修举"，狮子林吸引了很多人前来拜谒，吟咏不绝，无怪乎高启在文章中要说："人之来游而纪咏者益众。"

诗文书画巨擘云集的明初狮子林

明初洪武年间（1368—1398），在如海因公的召集下，狮子林中举办了多次文学、书画雅集，随着这些名家巨擘诗文书画作品的流传，狮子林名声大振，一时间成为江南乃至全国文人赋诗作画之胜地。存世文献对这些雅集的盛况，都有较为清楚的记载，今据史籍和诗文书画作品，将其中最为重要的三次活动——"师子林十二咏"雅集、倪云林图绘狮子林、徐贲诗画题咏《狮子林十二景》，叙述如下。

一、"师子林十二咏"雅集

洪武五年七月，高启在狮子林中发起了"师子林十二咏"雅集，包括高启在内一共有八人参加，他们是张适（字子宜）、王行（字止仲）、谢徽（字玄懿）、申屠衡（字仲权）、张简（字仲简）、陶琛（字彦珩）、释道衍（字斯道，俗名姚广孝）。八位诗人一起同题唱和，所咏的十二景分别是师子峰、含晖峰、吐月峰、小飞虹、禅窝、竹谷、立雪堂、卧云室、指柏轩、问梅阁、玉鉴池和冰壶井。

在参与唱和的诗人心目中，狮子林清幽的环境和浓厚的禅宗文化氛围，绝对堪称"上士栖禅地"（释道衍《师子林三十韵》诗）。通读八人唱和所作的诗歌，无不是他们沉浸在狮子林中，望峰息心，窥谷忘返，顿悟禅学奥义之后的人生感喟，并非徒然追求辞藻的竞华。在高启看来，诗歌创作若仅借"赏词华之美"，以"饰耳目之观"，那些"皆虚幻事"也，绝对不是他们想要追求的东西。

在诗人们看来，狮子林是人世间少有的清净之地，在此可以寻幽探胜，在静观山水中，领悟到禅学的智慧。释道衍的《晚过狮子林》一诗堪作宣言，其诗有曰："无地堪逃俗，乘昏复到林。半山云遏磬，深竹雨留禽。观水通禅意，闻香去染心。叩门惊有客，想亦为幽寻。"这些禅思和哲理，作为高僧的释道衍自有独到的会心处，因而他在很多诗作中都有淋漓尽致的阐发，如他的《师子林三十韵》结尾处就有曰："暮境人厘过，忘形客倦迎。参时机较密，定处步宜轻。疏阔缘方绝，孤高道始成。远闲思结社，潜醉愿投盟。要适林中趣，应存物外情。会须来归石，宴坐学空生。"

诗人们在游园、唱和的时候，不但"要适林中趣"，即能够充分领略园中的自然之天趣，更"应存物外情"，在游赏中要悟透山林之境的"环中之道"，"冥其虚通之理"（唐成玄英《南华真经疏·盗跖》）。如果说"林间初雨过，花落乱流中"（明张适《师子林十二咏·小飞虹》）表现的是幽谧的林中趣的话，那么，"还将一片影，散入大千界"（明谢徽《师子林十二咏·吐月峰》）、"月堕花不言，幽禽自相语"（明高启《师子林十二咏·问梅阁》），以及"惟有心长在，不随云去来"（明高启《师子林十二咏·卧云室》）诸语，则是非常形象而又富含哲理的"物外情"了。

狮子林十二景之一——玉鉴池，其实就是园寺中的池塘。一泓清潭在诗人笔下，却被赋予了哲学的深邃与幽远。几乎所有人都由玉鉴池风定池静、天光云影的虚明澄澈之境，引申到禅宗哲学中"心源共清"的"观止""定慧"境界，无怪乎谢徽在题诗中要做这样的总结之语："数尺方池水，应同觉海深。"所谓"觉海"，是指深广的佛教教义，它可以给人以无穷的智慧，即南朝著名高僧僧祐在《弘明集序》中所说的"觉海无涯，慧境圆照"也。在此，我们不妨抄录八位诗人题咏玉鉴池的诗作，做文学和哲学两个层面的品赏：

　　　　一镜寒光定，微风吹不波。

　　　　更除荷芰影，放取月明多。

　　　　　　　　　　——高启

　　　　凿池松竹里，不与野泉通。

　　　　风静游鱼息，青天落镜中。

　　　　　　　　　　——张适

　　　　方池开玉鉴，炯炯湛虚明。

　　　　瘦影何烦照，心源已共清。

　　　　　　　　　　——王行

　　　　月来似禅性，风定似禅心。

　　　　数尺方池水，应同觉海深。

　　　　　　　　　　——谢徽

　　　　天光落空明，上下涵一镜。

微波时动摇，风止当自定。

——申屠衡

何方僧卓锡，池上玉泉走。

不有止定功，安能见吾后？

——张简

微波色清荧，炯然可照胆。

幸得同虚明，宁留一尘黯？

——陶琛

非假琢磨功，泓澄似鉴同。

朝来莲叶尽，波动觉秋风。

——释道衍

在这些诗歌中，普遍抒发了诗人们在"泉石闳清景"（明释道衍《师子林十二咏·含晖峰》）中感受着西山爽气的淡然之情。诗人张简在题咏《卧云室》一诗中，大发感慨说，优游于狮子林中，"且作舒足卧"，"虚室常参罢"，完全可以涤荡红尘俗世中的种种烦恼和劳累，得到精神的彻底释放和人生的大解脱。对此，高启在《师子林十二咏序》中，更是现身说法，写下了这样的文字："余久为世驱，身心攫攘，莫知所以自释。闲访因公于林下，周览丘麓，复以十二咏者讽之，觉脱然有得，如病暍（注：yē，中暑之意。）人入清凉之境，顿失所苦。乃知清泉白石，悉解谈禅；细语粗言，皆堪悟入。"

高启发起的这次雅集唱和，其实是天如禅师以来狮子林诗禅传统的延续。天如禅师生前的景况，前已细述。卓峰禅师住持狮子林时，诗歌唱和见诸文献记载的虽不多，但从释道衍哀悼卓峰立公圆寂的诗作中还是可见端倪的。姑录释道衍《悼立禅师》二首，以备日后考索。

> 一衲老云深，迢迢讣寂音。
> 不离生灭相，已绝去来心。
> 壁冷孤峰影，龛闲双树阴。
> 夕阳清磬响，依旧满空林。

> 未列高僧传，名先入祖图。
> 灯残窗下暝，履剩榻前孤。
> 宿霭封新塔，余香起旧炉。
> 苍苍泉上石，遥对想加趺。

"师子林十二咏"雅集数天之后，与高启并列"北郭十友"之一的文学家王彝和好友茅宅民、陈彦廉、张曼端及参与"十二咏"雅集的张适、王行、谢徽，前来狮子林游赏。王彝与如海因公交好，自是狮子林的常客，存世不多的诗歌中，就有相当一部分是题写狮子林的。这次到访，如海禅师留王彝诸位住在问梅阁，数日间，"得咏歌其丘与谷者累日"，又写下了很多诗篇。然而，如海禅师觉得题写狮子林的诗歌已然很多，希望能有一些关于狮子林的游记文章，于是便向王彝提出要求，曰："是果可以咏歌欤？愿有记也。"王彝应约撰写了《师子林记》，题在狮子林的山石上。后来，如海禅师把王彝的这篇游记和高启等人题写在山石上的《师子林十二咏》诗，一并请刻工勒石，以资永久流传，只可惜这些镌刻于石头上的文字今已不见。

"师子林十二咏"雅集之后，如海禅师的这些旧友们还经常到狮子林中，时有诗歌唱和。雅集当年的十二月初四，王彝夜宿园中听雨，还写下了《癸丑岁十二月初四夜宿狮子林听雨有作》，其诗云："自是城中寺，却忘身在城。俄然万松子，吹作四檐声。我欲远尘世，僧多留客情。聊因佛灯下，听雨到鸡鸣。"一同前往的释道衍遂次韵作和诗曰："因师真隐者，旧业只依城。泉石增山意，松筠隔市声。此中堪纵目，过客每留情。长忆云林子，时来听鹤鸣。"

次年（洪武六年，1373）六月，如海禅师请王彝作《师子林十四咏》。较之前一次雅集，王彝的题咏，多出两个景点，分别是立玉峰和翻经台，可作为《十二咏》的补充。其诗分别写道："昆冈分半股，插地四无邻。为有怀中璧，虹光夜夜春"（《立玉峰》）；"云麓最高层，依依月乍升。聊因看贝叶，带露一来登"（《翻经台》）。借此可知，立玉峰在假山群峰之中，翻经台应在狮子林假山之巅，与卧云室诸景相应，都是狮林假山中的标志性建筑。

狮子林"云林逸韵"匾额（顾廷龙书）

元赵原《合溪草堂图》（台北故宫博物院藏）

二、倪云林图绘狮子林

明洪武六年，如海上人邀倪瓒作《狮子林图》。因为倪云林的名声，这幅画问世后，受到了世人的狂热追捧，但凡有幸目睹过这幅画作的人，无不题咏传唱，狮子林之名声更大噪于天下，成为天下之名园，甚至还让世人产生了一个美好的误会，即狮子林是根据倪云林的画稿而建造的，清代乾隆皇帝就曾一度坚信不疑。但是倪云林与狮子林的这段艺术渊源，确是中国古代绘画史和古典园林史上的一段佳话，所以直到今天，狮子林的厅堂中依然悬挂着顾廷龙先生书写的匾额"云林逸韵"。

考诸文献，这幅被中国绘画史、园林史大书特书的《狮子林图》，其实还有一位合作者——赵原，似乎是因为倪云林的名气太大，这位合作者逐渐被世人所淡忘。倪云林在《狮子林图》的题跋中就曾明确提及这位同道好友，说道："余与赵君善长以意商榷作《狮子林图》，真得荆、关遗意，非王蒙所梦见也。如海因公宜宝之。懒瓒记，癸丑十二月。"

赵原，本名赵元，入明后因避明太祖朱元璋的名讳，改名赵原，字善长，号丹林。莒城（今山东莒县）人，一作东平（今属山东）人，元末寓居苏州。尤其擅长山水画，师法董源，兼及荆（荆浩）、关（关仝），倪瓒有一首诗的题目中就曾讲到，"赵善长氏妙于绘事，以荆、关法为逊"，可见赵原的山水画是深得倪云林之欣赏的。其山水画的笔墨圆劲秀逸，曾深受乾隆皇帝之赏爱，乾隆帝在题《赵丹林陆羽烹茶图》一诗中赞曰："古弁先生茅屋间，课僮煮茗雪云闲。前溪不教浮烟艇，衡泌栖迟绝往还。"赵原亦长于画竹，画法多变。存世的画作有《合溪草堂图》《晴川送客图》《溪亭送客图》《陆羽烹茶图》等。

倪云林的《过师林兰若，如海上人索画，因写此图，并为之诗》一诗，则较为形象地记载了如海禅师邀请他作画的过程，以及画家创作时安详、沉醉的状态："密竹鸟啼邃，清池云影闲。茗雪炉烟袅，松雨石苔斑。心静境恒寂，何必居在山？穷途有行旅，日暮不知还。"明代苏州画家钱毂编纂的《吴都文粹续集》卷三十亦著录此诗，诗题为"七月廿七日过东郭师子林兰若，如海上人索予画，因写此图，并为之诗"，则更明确了倪瓒作画、写诗的具体时间。据此，倪瓒《狮子林图跋》的落款时间洪武六年"癸丑十二月"，应该是后来补题的。

倪云林和赵原合作的这幅《狮子林图》，最初作为镇园之宝藏在狮子林中，清代苏州学者顾禄在《清嘉录》中就曾有记载说："倪高士瓒爱其景，为之绘图，旧在寺中。"后概因园寺之荒颓，画作辗转流出，历经多位藏家的收藏，最终成为清宫藏品。《石渠宝笈》是清宫书画收藏的重要载录，其中就对倪云林《狮子林图》上的藏印有过较为详细的记录："卷前有项元汴印，墨林山人、墨林项氏藏画之印，子京所藏，董其昌印，寄傲、平生真赏、高詹事诸印。又一印不可识。又退密半印。又半印二，不可识。卷后有天籁阁、北平孙氏砚山斋图书、竹窗项墨林父秘笈之印，项叔子子京父印，少鸿珍藏、檇李世家诸印，又半印不可识。"（《石渠宝笈》卷十四）据此可以知道，先后有项元汴、董其昌、孙承泽、高士奇经手过此画。

董其昌《画禅室随笔》卷二确实明确说过："元季四大家，独倪云林品格尤超……余尝见其自题狮子林图。"明代著名收藏家张丑曾收藏过倪瓒的《狮子林图》，对此画赞不绝口，不吝赞美之词曰："倪元镇《师子林图》一卷，书法娟秀，跋语清真，所画柴门梵殿，长廊高阁，丛篁嘉树，曲径小山，以及老僧古佛，无不种种绝伦。止墙角一株梅，似属累笔。春秋责备贤者，予为作此品题，正使瑜不掩瑕，方是迂翁真相如耳。"（明张丑《清河书画舫》卷十一）

孙承泽收藏倪画《狮子林图》的经历，似乎有些传奇，他在《庚子销夏记》著录的时候，叙述了此画由南到北辗转流传的传奇历程。作为收藏家，孙承泽对倪云林《狮子林图》似乎情有独钟，"寤寐此卷有年"。在明清易代之际的兵荒马乱中，有"南征之兵"得到此画，遂"从鞬橐（鞬橐：jiàntuó，装弓的囊袋）中带至北地售之"，孙承泽于顺治十年癸巳（1653）间幸运地购得。卷后的题跋中有马士英手迹，且有一些题跋中用的是南明王朝的年号，在清军入关之后，这是犯忌的事情。因此，孙承泽就把"后有南中年号（按：指南明王朝的年号）及马瑶草题跋"，以及"前后断烂"的部分割去，保留完整的画心部分，并在这年的腊月请人重新装裱。据此，南

元倪瓒（款）《狮子林图》卷首乾隆帝题词

明权臣马士英也曾寓目或收藏过此画，因为马氏等人的题跋被孙承泽割去，故而乾隆内府著录此画时，就没有南明时期诸文士官员的题跋。

画卷上所钤的"高詹事""竹窗"诸印，足以说明此画后经由高士奇收藏，并最后辗转传入皇宫内府，成为乾隆朝最受皇帝喜爱的名画。画中不但有御题"云林清閟"，并钤有"乾隆宸翰""几暇临池""懋勤殿鉴定章""天府珍藏"等多方玉玺，还有他的题诗："借问狮子林，应在无何有。西天与震旦，不异反复手。倪子具善根，宿习摩竭受。苍苍图树石，了了离尘垢。声彻大千界，如是狮子吼。"（《石渠宝笈》卷十四）乾隆帝不但自己多次题咏倪画，还时时请朝中重臣和文士（包括梁国治、刘墉、彭元瑞、董诰、曹文埴等人）题咏，考订倪云林《狮子林图》。他还曾和画家钱维城、方琮等人一起仿作倪瓒《狮子林图》，并在自己御笔仿作的卷首明确题写"艺循清閟"。更有甚者，他因据倪画，在圆明园和避暑山庄各仿造了一座狮子林，这是后话。

今故宫博物院藏有一幅倪瓒款《狮子林图》，是一幅纸本水墨手卷，纵28.3厘米，横392.8厘米。就其尺寸而言，与乾隆内府著录存在着较大的出入。《石渠宝笈》卷十四记载，清宫中所藏倪云林《狮子林图》的尺寸为"卷高八寸八分，广二尺八寸九分"，卷长的出入尤大。笔者无缘见其真迹，常年在故宫博物院从事书画鉴定的徐邦达先生在《古书画伪讹考辨》一书中对这幅倪瓒款的《狮子林图》做出鉴定"应为旧

元倪瓒（款）《狮子林图》（故宫博物院藏）

摹本"。至于倪瓒原作真迹何在，目前似乎也是一桩谜案。但不论如何，我们还是可以借此旧时摹本，比较清晰地了解明初狮子林的基本面貌的。

这幅手卷，用多变的笔墨技法，融入了非常丰富的园林元素，依次展现了狮子林的全景。园寺外围是一道篱笆，进入园门，庭院中有六棵松树、两棵柏树，还有一棵梅树和一丛篁竹依傍在篱墙之畔。几间茅屋错落分布其间，背倚着奇崛绵亘的群峰，在松柏梅竹的掩映下，静谧幽雅之意油然而生，画面形象也让狮子林中的指柏轩、问梅阁、竹谷诸胜的意境和禅趣得到了淋漓尽致的表现。其中一间屋舍中，有一位僧人在坐禅，这不禁引起了许多人的注意。因为素有洁癖，"倪云林先生一生不画人物"（明张丑《清河书画舫》卷十一下），他曾这样向世人解释，"天下无人也"（明朱谋垔《画史会要》卷三），但唯独"惟《师子林图》有之"（明张丑《清河书画舫》卷十一下）。对此，另一位大收藏家孙承泽也在其《庚子销夏记》卷二中指出："云林传世手卷……狮子林图上有一僧。"狮子林远离红尘喧嚣的宁静，随处可感的浓厚禅意，都足以令画家通过画作来表达对天如禅师以至如海禅师等一代代高僧大德的礼敬。这也诚如倪云林在赠如海禅师的那首《题顾定之竹为如海上人》诗中所写的那样："顾画王诗两奇绝，风霜凛凛香清节。师子林中古佛心，允矣无生亦无灭。"

画面左侧的群峰，是狮子林的主景，也是园中几间茅屋等建筑的倚靠，这应该是狮子林初建时叠石成峰的完整形貌和园林建筑的基本布局。湖石堆叠的假山呈合抱之势，在绵亘的群峰之间，有一间庐舍，体味其意境，或是卧云室，或为禅窝，看着简单，却是供奉佛像的重要场所。身处其中，直让人会产生"云深不知处"的感受，无怪乎高启徜徉其中，会有"夕卧白云合，朝起白云开"（明高启《师子林十二咏·卧云室》）的感受，而谢徽则在诗中大发感慨说道："阴壑寒犹捴，空山响已沉。白云无路入，禅向定中深。"（明谢徽《师子林十二咏·禅窝》）

倪云林的《狮子林图》问世后，立即引发了诗词同人的呼应，纷纷作诗题咏。明代大收藏家张丑《清河书画舫》记载，倪云林的画诞生前后，"此卷题咏几及百人，今皆佚去矣。其朱性父手录副本一帙，幸尚存云"（张丑《清河书画舫》卷十一）。朱存理，字性父（甫），是明代苏州著名收藏家。他所著《珊瑚木难》，"悉载所见字画题跋，其卷中前人诗文世所罕睹者，亦附录焉"（《四库全书总目》之《珊瑚木难》提要）。张丑所说的朱存理手录题咏狮子林的诗歌副本，应该是指明代狮子林住持道恂法师所编纂、朱存理缮写付梓的《师子林纪胜集》，明人李应祯《题师子林纪胜集》中曾有明确的记载："师子林在吴城之东北，虽小而树石幽茂，且代多贤主僧，以故士大夫乐游，游必有作，事随代迁，存者无几。今住山道恂师撝拾遗余，堇堇得二百余篇，属荐溪朱隐君存理缮写入梓。"但令人略感奇怪和遗憾的是，朱氏并没有把题咏倪云林《狮子林图》的诗歌抄录一些到《珊瑚木难》中。张丑曾见过的朱存理抄录的《师子林纪胜集》，幸运地传到后世，清代苏州著名藏书家黄丕烈"士礼居所藏顾小痴手抄本是也"。咸丰七年（1857），苏州人徐立方重为校订并刊刻（释祖观《师子林纪胜集序》），使得不绝如缕的孤秘之本变为"身千亿化身"，一直传至今天。

　　大诗人高启看过倪瓒的《狮子林图》后，称赏不已，题诗赠如海禅师曰："含晖峰下路，树石尽垂藤。欲认莓苔迹，相寻行道僧。"（明高启《题倪云林画赠因师》）在《师子林纪胜集》中还收录了高启和周南老两位诗人的次韵诗，这二位在吴地名望极高的诗人所应和的是倪云林《过师林兰若，如海上人索画，因写此图，并为之诗》一诗，两首次韵之作，既描写了园林和画作中幽寂闲适的意境，更借由山水、画境感悟心性和禅机，从而进入禅定的超妙之境，诗画对读，能让人充分感受狮子林浓厚的文化意蕴。周南老《次云林韵》诗曰：

> 幽林闶禅寂，迹与心俱闲。
> 垂檐高竹翠，沿厓细菊斑。
> 逸客思招隐，永言过小山。
> 道人方定起，征心岂无还。

　　高启的次韵诗题曰《游师子林次倪云林韵》，其诗曰：

> 吟策频入院，道人知我闲。

寻幽到深处，啼鸟竹斑斑。

林下不逢客，城中俄见山。

床敷有余地，钟动暮催还。

据张适一首诗的题目《卷中皆和云林诗，余亦次妳蛦子韵》可知，当时次韵倪云林诗歌的作品还有很多。虽然张适的这首诗并非和倪瓒的，而是次韵另一位诗人王彝（王彝自号妳蛦子）的《腊月四日夜宿师子林听雨有作》，但此诗中的写景、抒情、哲理，无不是深得倪云林诗画之真谛。在诗中，张适更把狮子林喻为"人来少"的"谷口"，身处其间，真堪为"武陵溪口"人也，其诗曰：

禅林杳难觅，行近郡东城。

竹影迷帘影，松声杂梵声。

玄谈消世虑，妙境惬诗情。

谷口人来少，幽禽自在鸣。

三、徐贲诗画题咏《狮子林十二景》

洪武七年甲寅（1374）三月，苏州画家徐贲应如海禅师之请，为其创作了组画《狮子林十二景》。

徐贲（1335—1379），元末明初画家、诗人，字幼文，毗陵（今江苏常州）人，后迁居平江（今江苏苏州）城北齐门附近，自号北郭生。与高启、杨基、张羽并称"吴中四杰"。擅长画山水，取法董源、巨然，笔墨清润。工诗，著有《北郭集》。徐贲的绘画艺术，在后代颇受好评，明代学者何良俊在其《四友斋丛说》卷二十九中认为徐贲的画可以步武"元四家"，在列举倪云林、黄公望、吴镇、王蒙四家后，接着说："此外加陈惟允、赵善长、马文璧、陆天游、徐幼文诸人，其韵亦胜，盖因此辈皆高人，耻仕胡元，隐居求志，日徜徉于山水之间，故深得其情状。且从荆、关、董、巨中来，其传派又正，则安得不远出前代之上耶？"

徐贲的《狮子林十二景》，一景一画，十二段装裱成一幅长卷，这在明代人的题跋中均明确记载。陆深在《跋师子林图咏》的开篇就直言："此卷师子林图，徐幼文作，凡十二段，段有题名，以古篆隶写之。"这一点在乾隆帝的文字中也可以得到充分的印证，乾隆帝的《御制诗集四集》卷五中有《再题杜琼〈狮林图〉叠前韵》，诗末有自注曰："杜琼跋谓：拟徐贲《狮林十二》，改作小帧。"杜琼在临摹徐贲的画作后，在自跋中明确说到，自己把徐贲的长卷改为了小帧，但是，在数百年的辗转流传中，徐贲的《狮子林十二景》装裱形态发生了一定的变化。徐贲的《狮子林十二景》原迹今藏于台北故宫博物院，笔者在台北客座工作之时，有幸寓目原作真迹，其形制已改为册页，应该是在数百年的传承授受中，被后来的藏家分割，重新装裱所为。因为原卷的内容各自成段，重新装裱时，切割也就极为便利。

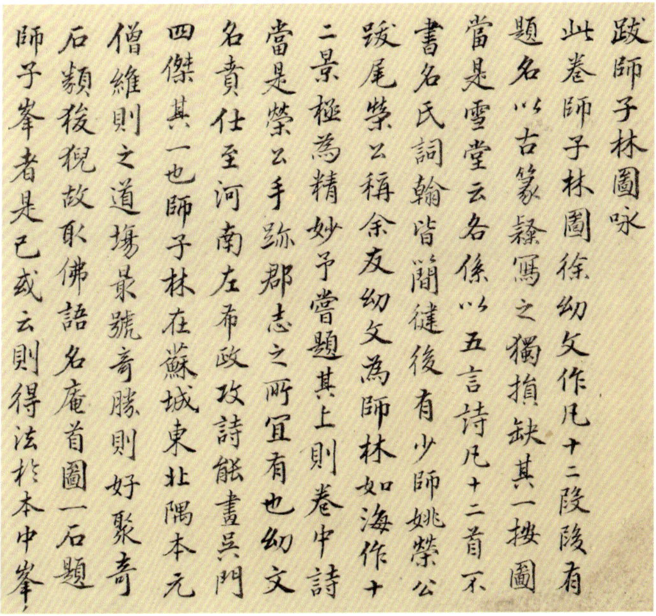

跋師子林圖咏

此卷師子林圖徐幼文作凡十二段後有
題名以古篆籀寫之獨擒缺其一搜圖
當是雪堂云各係以五言詩凡十二首不
書名氏詞翰皆簡健後有少師姚榮公
跋尾榮公稱余友幼文為師林如海作十
二景極為精妙予嘗題其上則卷中詩
當是榮公手跡郡志之所宜有也幼文
名貴仕至河南左布政攻詩能畫吳門
四傑其一也師子林在蘇城東北隅本元
僧維則之道場景號奇勝則好聚奇
石顏後梲故取佛語名庵首圖一石題
師子峯者是已或云則得法於本中峯

明徐贲《狮子林十二景》陆深跋（局部）

夜静起山深随风前片彩溪:
宣崔床独卧衣裳冷

白云如榻承青
嗷维则因公雨
故泰不独缁衣
黑甜趣可知螺
顶卧墙酣

明徐贲《狮子林十二景·卧云室》（台北故宫博物院藏）

林端秋夕霭泉石阔清景潇然
妖人心相看悫日永

一峰硗硗出尘
表湆舍旭新宜
清晓广孝本是
笛巾人卸榰高
闲就频惱

明徐贲《狮子林十二景·含晖峰》（台北故宫博物院藏）

虽然徐贲及其所画《狮子林十二景》的名气虽不及倪瓒，但这组《狮子林十二景》与元末明初吴中诸贤所作的《师子林十二咏》存在对应关系，是对诗歌意境的形象化转换。用徐贲自己的话来说，他笔下的景象绝非对自然景物和园林建筑"镜像式"的摹状，而是"用写图意"，带有较强的写意色彩。诸如其中《卧云室》《含晖峰》诸作，画家在笔墨运用中更注重皴法、点苔及水墨烟岚的艺术效果，与其说是狮子林园境的写真，倒不如说是高度文人化的写意山水。徐贲的画跋不长，短短数十字，就讲清了这层意思："右《师子林十二咏》，咏各有题。今主席如海大士邀余作图，余因用写图意。初不较其形似，他日观此者，幸勿按图索骏，当求我于骊黄之外也。洪武七年三月廿八日，蜀山人徐贲。"在徐贲的这段自述中，明确地说到"初不较其形似"，完全可以看出画家另辟蹊径、别开生面的艺术追求，所以，他在题跋中要向世人指明"他日观此者，幸勿按图索骏"，应该在他的画作中感受狮子林的神韵和意境，所谓"当求我于骊黄之外"，便是这个意思。清代诗人朱彝尊在《跋师子林书画册》中也曾指出这一点："盖欲别开生面，不同乎朱、赵、倪三子尔。"这是品读、欣赏中国古代文人山水画的一种常态，也是一种常识。所以，时至今日，我们在品读、理解徐贲《狮子林十二景》时，就不应该拘泥于似与不似的争论，而应该在诗意与画境的相互融通中，体味狮子林造园艺术和徐贲绘画艺术创作中饶有韵致的文人气息。

徐贲《狮子林十二景》的意境之美和隽永之诗意，在每幅画的题诗中就得到了充分的体现。如，题《卧云室》曰："夜静起山深，随风舒片影。漠漠覆柴床，独卧衣裳冷。"题《含晖峰》曰："林端秋夕霁，泉石闼清景。澹然娱人心，相看忘日永。"诗画呼应，颇有文人隐逸于山水林泉、遗世独立的高致和诗情。这些题诗，台北故宫博物院所藏的画卷上并没有落款，也未收于《师子林纪胜集》及《续集》，其作者是谁，需要略作考索和说明。明清时期，先后有两个人在徐贲的《狮子林十二景》上题诗，他们是明初苏州人姚广孝和清代的乾隆帝。画卷上乾隆帝的题诗有印章，墨迹也确系乾隆帝手书，这是非常明确的，无需多说。至于没有落款的题诗，据各种题跋文献，大概可知，题诗者为明初苏州人姚广孝。清代学者姚世钰在《孱守斋遗稿》卷四《徐幼文师子林图跋》中有谓："曩读元、明间吴中先贤诗，知有所谓师子林者。闻倪迂曾写为图，未之见也。顷张兄喆士（按：张四科，字喆士，清陕西临潼人，长期寓居扬州，富有收藏，著有《室间集》等）购得徐公幼文此册，每幅后系以无名氏一绝句。陆詹事子渊据姚荣公跋，谓诗当即是姚氏作也。"核之于陆深《跋师子林图咏》一文，其中确曾论及曰："此卷师子林图，徐幼文作，凡十二段，段有题名，以古篆隶写之，独损缺其一。按图，当是雪堂云。各系以五言诗，凡十二首，不书名氏，词翰皆简健，后有少师姚荣公跋尾。荣公称：'余友幼文为师林如海作十二景，极为精妙，予尝题其上。'则卷中诗当是荣公手迹，《郡

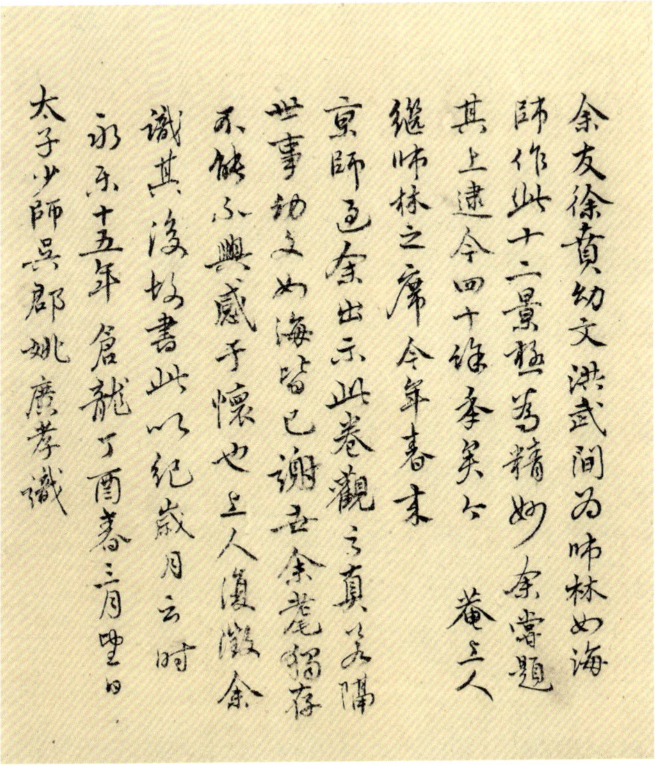

余友徐賁幼文洪武間為師林如海
師作此十二景題寫精妙寀嘗題
其上遠今四十餘年寀六　卷之人
繼師林之席今年春末
京師逅余出示此卷觀之真若隔
世事劫文如海皆已謝去余老尾猶存
不觧不興感于懷也上人復徵余
識其後姑書此以紀歲月云時
永樂十五年倉龍丁酉春三月望日
太子少師吳郡姚廣孝識

明徐贲《狮子林十二景》卷末姚广孝跋

志》之所宜有也。"在台北故宫博物院所藏的画卷之末，确有姚广孝的题跋，可与陆深的记载相印证。

从姚广孝的题跋中可知，徐贲画好《狮子林十二景》不久，他就在画卷上题写了诗作。四十多年之后，永乐十五年（1417）春，徐贲和如海禅师都已去世，狮林寺的继任住持"□庵上人"，来北京过访姚广孝，希望姚广孝在画卷上再写一段题跋，姚广孝不禁感慨唏嘘故人之离世，写下了这段文字："余友徐贲幼文，洪武间为师林如海师作此十二景，极为精妙。余尝题其上，逮今四十余季矣。今□庵上人继师林之席，今年春，来京师过余，出示此卷，观之真若隔世事。幼文、如海皆已谢世，余耄独存，不能不兴感于怀也。上人复征余识其后，故书此以纪岁月云。时永乐十五年仓龙丁酉春三月望日，太子少师吴郡姚广孝识。"（明姚广孝《狮子林图跋》）姚广孝题跋中的"□庵上人"，是如海禅师圆寂之后，狮林寺的新一任住持无疑。但在历代书画文献中，对其名号的记载较为混乱，一时也难以做出判断，就摘引如下，以供后来的研究者参考。明代收藏家汪砢玉《珊瑚网》卷三十六、清代卞永誉《式古堂书画汇考》卷五十四中皆作"默庵"，明代收藏家李日华《味水轩日记》卷六作"蒲庵"。咸丰七年（1857）活字本《师子林纪胜集》卷后的校勘记有曰："今□庵上人，按：徐图当是简庵。"然而存世墨迹未见"简"字，极有可能是在流传中损毁缺失了。

在陆深的《跋师子林图咏》中，还提到了他所听闻的一桩故事，其中关涉姚广孝和狮子林的一段佛学渊源，只是对其真伪，陆深并不是很确定，这段关乎狮子林的掌故，可以在此一说。陆深的题跋中写到，"尝闻荣公以少师还吴，访其师于师子林，为所拒。至夜漏深，以微服往后门求见，有僧瞑目端坐，止以手扪其顶，曰：'和尚留得此在。'盖荣公功成贵显，犹本僧服，故不曾蓄发。徐云：'和尚撇下自己事，却去管别人家事，怎么？'荣公怃然而去，可谓本教中之喝棒手，乃大善知识，岂即维则欤？又闻荣公法名道衍，尝学于相城之灵应观道士席应真者，尽得其兵法机事，执弟子礼，岂还吴所见，又应真耶？顾风旨严峻，秕糠事功，异学中自有之，不必深求其人亦可也。"姚广孝帮助朱棣运筹帷幄，夺得皇位之后，位高权重。在担任太子少师后，曾回家乡苏州，到狮子林拜会师傅，但被拒。黉夜时分，姚广孝身着"微服"，从后门进入，被一位端坐在后门口、双目微瞑的僧人拦住，用手摸着他的头顶，说："和尚就此留步。"然后棒喝道："和尚撇下自己事，却去管别人家事，怎么？"所谓"别人家事"，是指姚广孝参与朱明皇室中朱棣与朱允炆的皇位之争，棒喝姚广孝作为佛教徒，不潜心礼佛参禅，而介入到世俗的权力斗争之中。至于这个故事，到底是发生在狮子林还是相城灵应观，棒喝之人到底是狮林寺的僧人还是灵应观的师傅席应真，陆深觉得"不必深求其人亦可也"。

诗画盛宴之后的衰落
及重建、重兴

极盛之后的"成毁兴废"

　　世间万事，大概都不能绕过"物极必反，盛极而衰"这一规律，在明初洪武年间，狮子林一时汇聚了天下诗文书画的大家名家，他们挥翰创作，留下了许多经典的诗文书画作品。然而，不久之后，狮林寺、园都开始衰败，其衰落速度之快，不禁令人惊诧。直接记载个中原委的历史文献极少，似乎已经很难说清。然而，在冯桂芬主纂的《（同治）苏州府志》中有两则记载，似乎隐含着某些重要的信息，值得我们去探究，在卷一百四十九中说道：

　　　　菩提正宗寺……后改名狮林寺。考旧迹，张士
　　诚之婿潘元绍曾居于此，前后左右皆其第宅，至今名

为潘氏巷。园中位置，东半多山，西半多水。山用太
湖佳石磊成，幅员不甚广，而能使之幽深曲折，虽咫
尺而有遥远之致，诚一绝境。相传为倪高士云林堆
叠，乃不知者之讹传，但非出自后世凡手耳。

　　在这里，《府志》纠正了世人一直误传的倪云林为狮子林
设计、堆叠假山的说法。更重要的是，指出元末农民起义军
领袖、吴王张士诚的女婿潘元绍居住在狮子林旁边，且"前
后左右皆其第宅"。相同的记载还见于《府志》卷五，文中描
述了至今依然紧邻着狮子林的潘儒巷，其中说道："潘儒巷，
旧名潘时用巷，在狮林寺巷北。相传宋章綖居此，故又名章
家桥巷。元潘元绍又居之，宅甚广，左右皆有别业，狮子林在
焉。"这两条记载，《府志》都引自清初人朱象贤所著的《闻
见偶录》。从这样的表述中，隐隐可以感受到吴王"潘驸马"
的府邸，团团包围着狮子林，对狮林寺、园在空间上形成一种
强烈的压迫感乃至侵蚀感。至于狮子林的迅速衰败，是否就
是因为潘元绍的侵占，基于文献的稀缺，我们目前确实很难
定论，但有一条史料，可以作为旁证。潘元绍为人处世，性情
暴烈，人品颇有可议之处。文徵明在《题七姬权厝志后》一文
中，说到潘元绍之为人与行事，有曰："伪周据吴日……其陪
臣潘元绍，以国戚元勋，位重宰相虽酗酒嗜杀……"文徵明
文中所说的"七姬权厝"一事，在苏州地方文献中记载很多，
几乎人尽皆知。在朱元璋军队兵临苏州城的时候，潘元绍生

怕自己的妻妾受辱，竟下令隆安公主在内的七位姬妾集体自尽，而自己却变节投降朱元璋，还劝降张士诚，后来还接受明朝的官职，直到洪武十五年（1382）去世。这样的人品，复有这般权势，毗邻的寺、园又是苏州城内少有的幽寂风雅之地，潘元绍不是不存在觊觎乃至侵占狮林寺、园的可能性。

历史的真相及个中的原因，虽然存在着诸多的空白，但有一点是可以肯定的，从洪武七年（1374）徐贲画《狮子林十二景》之后不久，狮林寺在苏州士族文化圈中的热度和影响力就逐渐退潮了。这在前引永乐年间姚广孝的《师子林图跋》中多少就能够体会得到。其文中所谓"观之真若隔世事"，不惟对故友离世的伤悼，又何尝没有对狮林寺迅速衰败的感慨？

关于狮林寺及其园林的衰败，《（乾隆）苏州府志》卷十五及《（道光）苏州府志》卷四十都有明确而相同的记载："洪武初，归并承天能仁寺。嘉靖间，为势家所占，止存弥陀院。"洪武初年，狮林寺并入承天能仁寺，按照佛教的惯例，应该是作为下院并入的，由此也见狮林寺之衰。到了嘉靖年间，狮林寺、园进一步凋敝，寺、园的空间范围也被有权有势的"势家"所侵占，仅留下了弥陀院。

承天能仁寺是苏州的一座古刹，其历史可以追溯到"梁天监初，卫尉卿陆公僧瓒舍宅以建"，后多次经历兴毁、重建，宋代"大中祥符初，始赐额曰承天；宣和中，乃改其额曰能仁"，到元世祖忽必烈至元年间，经过重新修缮，规模宏大，"厨堂库院，什器之须，纤细毕备"，其建筑结构"缜壮砻密",寺庙中的彩绘"髹彤金碧,绚耀华美"(元黄潜《平江承天能仁寺记》),一时成为江南地区的名刹,达到鼎盛。但是元末明初的承天能仁寺,也经历了荒败、重修和沉沦的过程,《(康熙)吴县志》卷六十记载:"承天能仁寺……元末,张士诚据以为宫,淫酗之风遂炽。明初,复为寺。其后造酒为业,日事酒肉,引诱妇女,不知梵修。且剃度者皆吴江人,他邑不得与,其视寺为家,非一日矣!"曾经声名远播的狮林寺,在这个时候并入这般景况的承天能仁寺,岂非憾事一桩耶?

到嘉靖年间,狮子林已基本散为民宅,王世贞在其文章中就说到,狮子林被转授给苏州某陆姓之民:"闻十余年前,狮子林尚在,而所谓十二景者,亦半可指数。今已转授民家陆氏,纵织作,畜牧其中,而佛像、峰石、老梅、奇树之类,无一存者。"(明王世贞《书文徵仲补天如狮子林卷》)荒败之后的狮子林,景况之凄凉,"狮林之变而为荒烟野草也,又变而为佣保杂作错处之地也",甚至"寺之故迹了不可觅"。万历年间担任长洲知县的江盈科曾在《敕赐重建狮子林圣恩寺记》中有过较为详细的描述:"自天如涅槃,弟子散去,庵之水石花竹日就荒芜,至国朝并庵亦废。昔所称含晖、吐月、立雪、昂霄、栖凤亭、小飞虹、指柏、问梅诸境,一切沦没于荒烟野草、残霞落照间。久之,折入豪门,构为市居,佣保杂作,错处其上,如是者数十年,而狮林之额几不可识。"

衰颓中的艺术记忆

虽然狮子林在明代初年开始步入衰颓的历程,建筑空间不断退缩,建筑实体逐渐消亡,以至于"寺之故迹了不可觅","狮林之额几不可识",但是,狮子林作为苏州历史上曾经的精神文化地标性空间,在此后两百余年的时间中,始终没有被苏州士人所遗忘。苏州士人在书画、诗文艺术的空间中,不断地引发、激活人们对狮子林的记忆和追怀,诸如杜琼、沈周、文徵明、钱毂等吴中画坛的一代名流,还有诸如王世贞等诗坛大家,都在以诗歌和绘画的方式来延续狮子林的文化风雅。而元末明初书画巨匠、诗人墨客存世流传的作品,则成为后来者艺术想像和艺术再创作的依据和凭借。

徐贲的《狮子林十二景》在狮子林衰敝之后,流入坊间,一直在苏州和周边地区流传,被江南文人竞相收藏、观赏、临摹、题咏,因而在这个意义上来看,徐贲的《狮子林十二景》堪称明代前、中叶苏州地区文人、画家摹写狮子林的"粉本"。

杜琼是比较早临摹徐贲《狮子林十二景》的一位画家。杜琼(1397—1474),字用嘉,号东原,吴县(今江苏苏州)人。出身富贵,自幼聪颖好学。一生淡泊功名利禄,沉醉于诗文书画间,尤擅山水,是明代吴门画派的早期代表画家。杜琼去世后,沈周画了一幅《东原图》,并撰写《杜东原年谱》及祭文,表示对老师的深深敬意和怀念。

明杜琼《狮子林图》（台北故宫博物院藏）

杜琼《狮子林图》是对徐贲《狮子林十二景》的临摹。这在他自己的画跋中有明确的交代:"徐幼文尝为如海师作《师林图》,凡十二段,各系以五言诗,词意简捷。后有少师荣公跋。按:是诗当是荣公手迹也。余于月舟上人山寮见之,属拟其意,因撮大概,作小帧并书原咏。时成化四年仲春,鹿冠道士杜琼。"从杜琼画上的这段题跋,可知徐贲真迹曾为月舟上人收藏,月舟上人与明代苏州画坛诸画家,如杜琼、刘珏辈交往甚密,且富收藏。据杜琼自述,他临摹的是徐贲的真迹,且把姚广孝的题诗全部抄录。这幅画后来被清廷收藏,收录于《石渠宝笈》。乾隆帝对这幅画颇为喜爱,也有一定的研究。他先是在画上题了一首题画诗曰:"云林横卷手曾摹,放作长条见此图。曲径修篁皆若识,萧斋古树了非殊。佛宁有我何留相,僧达无生尚坐趺。展对合忘一切念,念民飞兴复之苏。"这首诗作于乾隆辛卯年(1771),后来被收入到他的《御制诗集》,一年之后,乾隆帝感觉题画诗写得意犹未尽,有些意思还没有充分表达,又在画上题写了一小段跋曰:"杜琼跋谓拟徐贲《狮林十二段》,作小帧,而布景、笔法全似云林,又不言贲为临瓒,或幼文曾见倪卷,窃其意,以分段见奇,究不能掩其夺胎之迹。琼后合而为一,仍不离本来面目,即谓杜临倪,亦无不可。因再识之。壬辰春月,御笔。"虽然杜琼自己明确说临摹徐贲的《狮子林十二景》,但无论其布景、笔法,都有倪云林之韵味,故而乾隆帝做出一个推论和假设:徐贲曾见过倪画,所以他的作品有抄袭偷窃倪画的嫌疑。这个说法，未必能成立，兴许是乾隆帝实在太喜欢倪画，故而有此一说。或者换一个角度来看，倪云林的《狮子林图》确实影响深远，无论徐贲，还是杜琼，或者是后来的钱维城等画家在新画《狮子林图》的时候，倪云林的笔意和意境多少还是会被画家采纳，并融摄到自己的笔下的。

吴门画派后来很多主要的画家都临摹过《狮子林图》，其中最为著名的当数沈周和钱穀。关于沈周和钱穀临摹徐贲《狮子林十二景》的具体详情，钱穀在《跋画册》言之甚详，其中有曰：

> 近正觉懋公得石田翁所临徐幼文《师子林图》，图缺其三。云间何太史柘湖避地于苏，游从甚浃，藏有幼文真迹，遂尔借过，为补足之。复以素册摹此十二景与诗，并录姚、陆二公跋语，留置十友斋中，不敢追踪古人，聊存吴中故事云耳。明窗净几，时一展玩，恍然身在问梅、指柏之间，何乐如之？追维郡中贵家富室，园池亭馆、珍木怪石，巧取诡夺，争胜一时，夸耀人目，身死之后不一二年，烟销灰灭，莫知其几。师林今虽废毁，名迹未泯，悠悠片纸流传人间，什袭二百余年。回视向之炎炎之居，反不若区区一小禅窝，所重者在此不在彼也，后之揽者，亦不能不起废兴之感于怀也。……嘉靖壬戌春王正月十日，后学钱穀叔宝书。

据这段文字，可知沈周确实临摹过徐贲的《狮子林十二景》，沈周的摹本，辗转流传被正觉懋公所收藏。正觉懋公，苏州竹堂寺僧福懋，曾住持苏州的正觉寺，钱毂故称之"正觉懋公"。《（乾隆）江南通志》卷一七四："福懋，字大林，竹堂寺僧。少有戒行。画学倪瓒，书宗智永，尝游文徵明之门，声名藉甚，诗有《弘秀集》风致。"黄姬水《正觉禅寺创世尊殿募缘疏》："吾郡正觉禅寺者，奠壤清华，环林丛郁，当子城之奥域，为吴苑之精蓝。高士陆志宁舍宅于胜国之末，名僧弘此宗，请额于宣庙之朝，祖镇而下，五传福懋。"（明周永年《吴都法乘》卷二六著录）清人吴荣光《辛丑销夏记》卷二著录《宋释居简酬梅坡诗卷》，卷中有福懋的题跋，懋公的落款题曰"正觉沙门福懋谨识。"

令人遗憾的是，福懋禅师收藏的沈周临摹本缺了三景。后来，云间（今上海松江）著名学者、收藏家何良俊（1506—1573，字元朗，号柘湖）避居苏州，箧中所携，就有徐贲的《狮子林十二景》真迹。不仅吴中文士及藏家得以一饱眼福，钱毂与何良俊交好，更得到主人的慨允，得以借来临摹，先是临摹了福懋法师所缺的三幅画，以补足沈周摹本之缺。钱毂也因这次绝佳的机会，"复以素册摹此十二景与诗"，把徐贲的全部十二幅原作、所有的题诗及姚广孝、陆深的跋语，临摹一遍，因而也就有了钱毂的《狮子林十二景图》摹本。钱毂对这份摹本尤为珍视，把它留存在自己的书斋"十友斋"中，并视为"十友斋"中的珍品，"明窗净几，时一展玩"，每次展卷欣赏的时候，无不"恍然身在问梅、指柏之间"。钱毂临摹徐贲真迹，自有其深意，按照他谦虚的说法，"不敢追踪古人"，但借此举，可以"聊存吴中故事云耳"。这正是通过书画艺术的临摹和再创作，为衰颓中的狮子林留下一份永恒的艺术记忆。

徐贲的真迹再传于云间曹氏，它的辗转流传经历，在王世懋的《跋狮子林卷》中有较为清晰的记载："徐幼文所画《十二景》后，有陆詹事子深手书前人诗文，而独无高、王两先生作，今在云间曹太学所。余后得此卷于昆山周氏，以为二卷，在异时必有延津之合。犹恨开山天如师未有著作其间，以为阙典。乃余兄元美掩关之暇，拈《藏》得师别录，具有即景诸诗，亟袖示余，作小楷录卷后，胜事也。惜余目昏腕拙，大愧诸贤，览者即不谓抛粪佛头，将无贻诮蛇足耶？若师以五灯三昧游戏卮言，故自超超玄著耳。"至于王世懋文中所说的昆山周氏（按：周凤）所藏的《十二景图》，不是徐贲的真迹，而是另一个摹本，这个摹本的作者是文徵明（后文将作详细说明），昆山周氏旧藏后为王世懋所有，王世懋的兄长、文坛一代领袖王世贞就查阅了佛《藏》，用工整的小楷把天如禅师的题诗抄录在画卷上。

王世懋得之于昆山周氏的这幅《十二景图》，是文徵明的摹本，此中消息，在其兄王世贞的题跋《书文徵仲补天如狮子林卷》中言之甚详，不妨引录其文如下。

　　胜国时，则天如和尚为高峰嫡孙，中峰主凷行，化诸刹作狮子吼。已乃挂锡吾郡，选地得狮子林。郡中诸善智识用幻住庵故事，运瓦择木，成此兰若。遂以幽奇冠一郡丛林。天如尝有十六绝句，颇纪其胜。法嗣善遇辈遂厘十二景。而洪武初，王先生彝、高太史启、谢太史徽、张水部适、王处士行，皆游而有绝句纪之。前是，朱提举泽民（按：朱德润）图之矣，徐布政贲复图之，倪山人瓒、今赵善章复图之，真迹不知散落何手？百五十年而文待诏徵仲（按：文徵明）重貌其胜，而书彝、启之作，系而归之主僧超然者。超然没，归之竹堂僧福懋，不能守，归之歙人黄汴，几若落异域矣。汴殁，幸而归之昆山周凤。周殁，其家又不能守，而吾弟敬美（按：王世贞弟弟王世懋）始得之，余乃拈天如绝句授敬美，伊仿徵仲例，以小楷系于末。闻十余年前，狮子林尚在，而所谓十二景者，亦半可指数。今已转授民家陆氏，纵织作，畜牧其中，而佛像、峰石、老梅、奇树之类，无一存者。嗟夫！如来迁化后，尚不能长，有王舍，给孤独竹园，而一天如力，乌能使狮子林垂二百年而岿然无恙也？敬美意似欲尽购三四君子图，大较谓：书画力更可得数百载，将以救兹林之泯泯然，总之幻耳！天如一幻人，狮子林幻地，今皆已幻化，而乃欲狗此幻迹，了幻念耶？故不若中峰老人之以幻住名庵也，因复赘我幻语。

所谓"文待诏徵仲重貌其胜"，说得直白一些，就是文徵明重新临摹，将狮子林盛时的景色通过画作的形式再现，而且还把王彝和高启的诗歌都抄录在画卷之上。唯一遗憾的是，文徵明临摹的《十二景图》到底是以谁氏为依据，王世贞没有说得很明确，以至于清初学者费密在看了文徵明的摹本之后，也把这一疑惑表达了出来："《师子林图》有三：一为睢阳朱德润作，一为徐贲幼文作，一为倪瓒元镇作。今文氏所临，不知谁氏本。"（明费密《师子林图跋》）

在这段文字记载中，文徵明的摹本传承授受还是较为清楚明确的。从"系而归之主僧超然"一语来看，显然是文徵明应狮子林主僧超然之请，而作摹本者。虽然狮林已经衰败，但依然还有僧人在寺中礼佛参禅，主僧超然禅师也是希望能够借文徵明的摹本而保存狮林寺、园的历史。然而，超然禅师圆寂之后，文徵明的摹本也归之竹堂寺庙的僧人福懋。之后，又辗转归之安徽歙县人黄汴、昆山周凤，其间差一点要流传到异域矣。在周凤去世之后，家人不能守，最终为王世懋所得。于是就有王世贞在画卷上仿照文徵明的小楷，题写天如禅师的诗歌，也就有了这篇题跋《书文徵仲补天如狮子林卷》。

王世懋得到了文徵明的摹本之后，眼见旧时的"狮林十二景"及园中的"佛像、峰石、老梅、奇树之类，无一存者"，有感于狮子林的荒败，"意似欲尽购"朱德润、倪云林、徐贲等"三四君子图"。王世懋坚信"书比寿长"，在他看来，书画之力，"更可得数百载"，他想用这种方法来拯救狮子林之荒芜衰颓，所谓"将以救兹林之泯泯然"也。在王世懋的内心，更希望通过收藏的狮子林画作，依据书画中形象摹状，来挽救狮子林的残破荒颓，甚至逐渐恢复狮子林之旧观。但王世懋必须面对的现实是，虽然"朱提举泽民图之矣，徐布政贲复图之，倪山人瓒、今赵善章复图之"，但这些"真迹不知散落何手"，无怪乎王世贞要发出无奈而深沉的慨叹："总之幻耳！天如一幻人，狮子林幻地，今皆已幻化，而乃欲狗此幻迹，了幻念耶？"从王世贞的语气中，弟弟王世懋的希冀只能是一个美好的愿景，乃至于"幻念"而已！

不久之后，万历年间，狮子林明性禅师发下振兴狮林宗风的宏愿，持钵云游京师，最终感动了万历皇帝的生母孝定慈圣皇太后，受到皇家的恩典，下敕重建狮林寺，敕赐"圣恩寺"额，狮子林迎来了新生。

狮林寺园的重建和初兴

虽然王世懋的内心有复现狮子林旧貌的心愿，但还只是停留在书画、纸笔之上，真正让衰颓了两百余年的狮子林重振宗风的是万历年间的僧人明性禅师。这一段经历，在地方志中仅仅是一两句话："万历二十年，奏请追复，策赐'圣恩寺'额、《大藏经》，重建普光明殿。"[《(乾隆)苏州府志》卷十五]至于其间的艰辛与故事，则不甚了了，而时任长洲县令的江盈科，撰写了一篇极为详细的记文——《敕赐重建狮子林圣恩寺记》，把他亲眼看见和了解到的狮林寺重建的来龙去脉，写得极为清楚：

万历己丑岁，有僧明性者，欲市买《藏经》，持钵游长安，诸贵人感其笃实，率礼敬之。曾慈圣皇太后慈悲奉佛，大发《藏经》，分遣中使，敕赐海内诸名山，明性以姑苏僧，又笃实，为众所推。于是，内旨遣中贵一人，护经若干卷，赐明性金襕紫衣袈裟一袭，命函经狮林，敕赐"圣恩寺"额。既至，而寺之故迹了不可觅。不佞按旧《志》渐为稽复，其佣保杂作，量给粮赀，使处别境，恢复故址。明性乃自捐衣钵，遍募诸缘，创置佛殿，并经阁、山门各一，殿上新设金像，庄严慈愍，而奉赐经其中。盖天如道场颓废二百余年，一朝悉还其故。寺既成，明性谒余求记。余惟造化之理，自无适有，自有适无，如环无端。要之有成有毁，有废有兴；而又成也，而又毁也；而又废也，而又兴也。当其成毁兴废，或令人欣然以喜，凄然以悲；及观于事后，总一陈迹，而向之喜也悲也，皆属触境生情，乃吾真性如如，亦复无成无毁，无兴无废，无悲无喜。……由斯以观，宋人别业之变而为狮林也，狮林之变而为荒烟野草也，又变而为佣保杂作错处之地也，今又复变而为狮林也，亦成毁兴废之常。自佛法视之为极细，何足置悲喜于其间哉？……要以兹山大遭际，则前有天如开山，今有明性恢复，兼之慈圣宠绥特典，更与国运并久俱垂，此段功德安可无传？

明性禅师为了给狮林寺中购置佛藏，持钵云游京城，在达官贵人间化缘。明性禅师为人笃实，礼佛虔诚，得到了京城上下的认可。万历初，万历皇帝的亲生母亲李太后命刻《万历御制新刊续入藏经》，万历皇帝亲自作序曰："印禅经，布施净土，兼立梵宇，齐施僧伦，成修宝塔，立竖于虚空；绘塑金容，散舍于大地。济贫拔苦，召赦孤幽，无善不作，无德不备。"明性禅师的嘉名传入内廷，李太后听其事，知其人，便赐赠苏州狮子林佛藏六百七十八函，并赐书"圣恩寺"的匾额。万历二十年（1592）八月，皇帝还亲自下勅谕曰："敕赐圣恩寺住持及僧众人等：朕维佛氏之教，具在经典，用以化导善类，觉悟群迷，于护国佑民不为无助。兹者圣母慈圣宣文明肃皇太后，命工刊印《续入藏经》四十一函，并旧刻藏经六百三十七函，通行颁布本寺。尔等务须庄严持诵，尊奉珍藏，不许诸色人等故行亵玩，致有遗失损坏。特赐护持，以垂永久。"

有了皇太后与皇帝的勅谕和恩典，狮林寺改名为"圣恩寺"。为了供奉勅赐的佛经，必须对原先的寺庙进行修建、扩建，但是明性法师面临了诸如"狮林之额几不可识""寺之故迹了不可觅"等问题，其中最大的问题就是建设费用的缺额极大。明性法师率先"自捐衣钵"，表现出极大的决心和毅力。与此同时，明性法师还在苏州的士绅和佛教信众中广泛发动募捐，苏州百姓纷纷解囊捐资，重新创置了大殿——"普光明殿"，建造起了藏经楼，用来供奉李太后赐予的佛教藏经。狮林寺在荒败二百多年之后，"一朝悉还其故"。江盈科文中所说的"一朝悉还其故"，只是针对山门、大殿和藏经阁而言，重修之后的"圣恩寺"，其实只是基本恢复创设之初旧貌之一隅。对此，《百城烟水》中的记载得很明确，说："僧明性具奏，追复一隅，敕赐'圣恩寺'额、藏经全部，重建普光明殿。"（清徐崧、张大纯《百城烟水》卷三）有了朝廷的关心和过问，明性法师上奏"追复一隅"的请求得到了解决，原先被豪族所侵占的区域得到了部分的追还和恢复。这一点在顺治十年（1653）重修狮林寺时，李模所作的《敕赐圣恩古师林寺重建殿阁碑记》中得到了印证："明神庙时，特颁《龙藏》，敕中使护送，并复故址，立梵阁，未竟厥事。""未竟厥事"一词，足以说明万历时期的计划宏伟，但未能全部实施完成。

　　基本恢复的狮林旧观，在不久之后又一次经历了荒芜，其中的原因虽然并不是很清楚，但它的再次荒芜，相关文献中还是记载甚明的。缪彤在康熙十五年（1676）所作的《敕赐圣恩师林禅寺重建碑记》一文中就说，圣恩寺在"肃皇太后颁锡"之后，得以重修，其间殿宇"丹黄金碧之饰，巍焕庄严，诸山耆宿，越峤裹粮，肩项相望，千载一时之盛"。但是，此后不久，就"因岁月浸久，日暄风披，霜零露落，殿宇僧寮，几几乎剥蚀矣！"虽然寺中的僧人，身处贫困依然坚守自处，"法裔持白，偕嗣未分，俱实心向道"，他们也曾谋求"所以鼎新之"，把倾颓损毁的殿宇加以修复，一直因为"岁祲世薄"，"奈缘分浅"而不能。此后又经历了明清易代，修建"圣恩寺"的设想也因此而中断。

直到清廷政权甫定，狮林寺获得重修重建的机会，《苏州府志》中是有确切记载的："本朝顺治八年修；康熙间，大殿毁"[《(乾隆)苏州府志》卷十五]；"本朝顺治八年修。康熙间，大殿毁"[《(道光)苏州府志》卷四十]。"顺治八年，住持海翔、甬东居士陈大贤领众重修建藏经阁。"（清徐崧、张大纯《百城烟水》卷三）只是方志等书籍中的记载过于简略，不得知其详情。顺治和康熙年间，李模和缪彤曾分别写过《敕赐圣恩古师林寺重建殿阁碑记》《敕赐圣恩师林禅寺重建碑记》，文中详细介绍了陈大贤居士重修狮林寺的艰难历程，兹据二文记载，述其经历如下。"居士名大贤，字日新，法名智海，绍兴之会稽人。"早在崇祯十五年（1642），陈大贤从会稽（今浙江绍兴）来苏州圣恩寺，"阅《藏》三载"，"矢愿建阁贮经"，发下宏愿，要重新修建藏经阁。然而，因为明末易代连年的战争而作罢，这就是李模文中所谓的"会遭兵燹，遂寝"。顺治五年戊子（1648），陈大贤"复来吴门"，在住持海翔法师的支持下，正式启动狮林古寺的修复工程，"锐意经始，竭蹶星霜，鸠工庀材，悉本心匠"，经过五六年的努力，新的藏经阁和新的大殿建成，"经阁既成，大殿并峙，翚飞霞起，坚好殊特，远近来观，诧为神斤鬼斧"。和陈大贤居士一起"同愿首倡"修建狮林寺的还有"苏州之昆山人"张士延（字仲明），积劳成疾，最终"以劳瘵致殒焉"。

经过这番修建，"其基也厚，其垣也坚，其栋宇也壮而饬，其丹垩也洁而丽，其庄严也朴而雅。虽师林旧观尚待扩辟，而现在新模已足炳蔚"矣。

明清之际，狮子林确确实实又历经了一次荒芜，而且寺庙与园林也开始分而设之。前文所引李模、缪彤的文章中，仅及寺庙殿宇，只字不提园林，这在明清之际文人所写的诗文作品中，也可以得到真实的印证。清初苏州学者顾嗣立编纂的《元诗选》中，著录了天如禅师的诗歌，《天如禅师小传》中叙及狮子林时有曰："今其地大半废为民居，湫隘嚣尘，无复昔时之胜矣！"（清顾嗣立《元诗选》卷六十八）另一位苏州文人张大纯在游历了狮林寺之后，见到狮林旧寺已经荒败倾圮，且寺庙与园林，已经完全分离，不免追怀天如禅师时代的盛况，不无伤怀地在诗歌中写道："当日天如至，师峰石最尊。禅窝穿月窟，法座驻云根。莫怪飞虹小，如何玉鉴昏。残僧随废圮，依旧作邻园。"（清张大纯《过师林寺志感》）"残僧"与"废圮"，自是对狮林寺及寺中僧人的指称与景况写实。原先与寺庙一体的园林，虽然湖石树木依旧，但因为有了新的主人，也就此成为狮林寺的"邻园"。

　　至此，关于狮子林的历史，需要分寺、园两条线索，分别叙说。先说寺庙。"圣恩寺"之名和匾额，都是前明李太后所赐，到了清代，昔日的尊贵和种种礼遇，自然就大打折扣，甚或消失殆尽。顺治、康熙年间，寺庙的建筑出现年久失修，甚至毁坏，土地也被侵占，寺庙即便需要修缮，也主要依靠民间的力量。僧人和居士们在"笃厚""敬慎"的"赤心"引领下，甘于"持簿击铎之劳"在先，遂使得"吴越檀信，如赴景响"，"近悦远来，委输辐辏"。狮林古寺深厚的佛学渊源及其宗风，终得以持续不断。康熙四十二年（1703），清圣祖南巡，曾驻跸于此，赐"狮林寺"额，并赐联曰："苔涧春泉满，萝轩夜月闲。"至于后来乾隆帝南巡至苏州，驻跸狮林寺、园，备受青睐，则是后话。

　　自清初狮林寺、园分离之后，这样的格局一直保持到晚清时期。在乾隆时期刊刻的《南巡盛典》中有一幅《狮子林图》，后来也被收录在《师子林纪胜续集》中，其真实地摹写了乾隆帝南巡时狮林寺和园分隔的格局。狮林寺位于南部，园林位于北部，寺与园中间有一道院墙隔开。狮林寺的山门朝南开，中轴线上依次是山门、大殿和藏经阁，在寺庙的东部，有一组建筑，应该是僧寮、禅房等。画面北部是园林，中最为显眼的是太湖石假山群峰，山石水池，楼馆亭台，药圃花栏，应有尽有，还有参天的松柏。在《南巡盛典》中还特别标示了"御诗楼""御碑亭"，按常理来推断，这里应该是乾隆皇帝驻跸于此时，亲笔书写的御制诗作被刻成御碑的贮藏点。

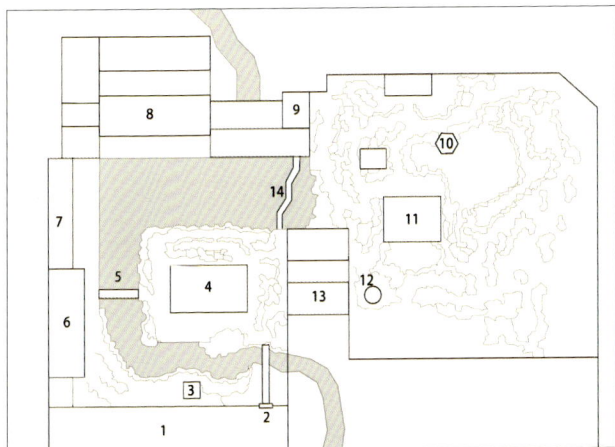

刘霄《清代布局猜想图》

1.狮林寺 2.园门 3.方亭 4.御碑亭 5.接驾桥 6.朝东园厅 7.花圃 8.朝南五间楼 9.琴台 10.六角亭 11.御诗楼 12.圆亭 13.座落 14.小飞虹

御碑亭

藏经阁

大殿

狮林寺

山门

《狮子林图》(《南巡盛典》)

清初狮林诗画创作的层累

历经数次兴废沉浮的狮子林，作为江南名园，在天下文人墨客，特别是画家心中始终有着重要的地位，毕竟这是一代画坛大师倪云林名作《狮子林图》的蓝本，在学习倪云林的过程中，临摹《狮子林图》几乎成为后世很多画家的日课。就笔者所接触到的书画文献，在清初就有查士标、恽寿平、王翚等著名画家临摹过倪画，他们都在用艺术层累的方式为狮子林积蓄丰厚的文化底蕴，狮子林之屡废屡兴，多有赖于这种形象化的艺术传承和历史记忆，此诚乃古人所谓的"书比寿长"也。

清初"江左三大家"之一的著名诗人吴伟业，曾寓居苏州狮子林。在狮子林的时候，他曾会见过沈周的裔孙沈湄（字伊在），与其纵论诗文书画，并为其诗集作序，吴伟业的《沈伊在诗序》一文，详细地记载了这一段文坛、艺坛盛事，可补苏州园林史记载之缺失。吴伟业的序文曰："今年秋，避客狮林寺中。金昌沈生伊在，持所作诗若画来见。生顾而秀，精警有机辩，一时倾其坐人。画学赵承旨，布景设色，超诣独绝，诗亦沉练有法度。问之，则固石田孙也。自来儒雅，诗与丹青为两家。惟石田之画，擅名当代，而一时巨公推挹其诗，以为抒写性情，牢笼物态，仿佛少陵、香山之间。今伊在亲其子孙，阅数世、逾百年，一旦起而修明祖业。其诗若画，深造而日新者，家法具在，又何俟乎？"后来的美术史文献和苏州地方志对吴伟业的文字多有误会，说沈湄是沈周的孙子，这一说法不确。吴伟业之出生距沈周之卒已整整一百年，是则沈周之孙，年岁比祖父小一百几十岁，岂有哉？细读吴伟业序文，言之甚明，所谓"阅数世、逾百年"，绝非孙子，其文中所谓"固石田孙也"的理解，应该是"裔孙"，至于几世孙，文中并未说清。

查士标（1615—1698），字二瞻，号梅壑散人、懒老，新安（今安徽休宁）人，明亡后，不应科举，流寓芜湖、南京、扬州等地。他的山水画师法黄公望、吴镇、倪瓒、董其昌，笔墨疏简，风神散逸，气韵荒寒。他是明末清初新安画派代表，名重天下。查士标曾临摹过倪云林的《狮子林图》，被宋荦誉为"临本"之"最佳"者。这一评价见于宋荦《论画绝句二十六首》其十九，其诗曰："倪画有无分雅俗，江南好事重云林。《狮子林图》最烜赫，模本犹抵双南金。"这首诗里说到了倪云林画在江南文士心目中至高无上的尊崇地位，作为收藏者，有无倪画的入藏是区别"雅俗"的重要标准，即便是后人临摹的《狮子林图》"模本"也是极其珍贵之物，所谓"双南金"是也。宋荦在诗歌的最后一句有一则自注，明确说到，在历代众多"模本"中，"查士标临本最佳"。

河南商丘人宋荦（1634—1713，字牧仲，号漫堂、西陂、绵津山人）曾于康熙三十一年（1692）到苏州就任江苏巡抚。莅苏以后，宋荦尤其留心于苏州的史籍和地方文化，对苏州文化建设的贡献尤大。他喜欢苏州的古典园林，曾修复了苏州名园沧浪亭,并编纂《沧浪小志》。他很喜欢狮子林,对狮子林也非常熟悉。他在扬州拜访了新安画派的山水画家查士标,并得到了查氏的一幅《狮子林图》摹本,他的激动之情溢于言表。靳治荆《思旧录》记载:"查二瞻书画,得董宗伯神髓。宋漫堂不轻许人,独以得二瞻所绘《师子林册》为快。"(清阮元辑《淮海英灵集》乙集卷三著录朱重庆《感旧诗》其五,所题咏者为查士标,此诗后的注释引用)在得到查士标的摹本《狮子林图》后,宋荦还写了一首诗赠给画家,对查士标大加称赞:"谁擅书画场,元明两文敏。华亭得天授,笔墨绝畦畛。梅壑黄山翁,老向竹西隐。崛起艺苑中,华亭许接轸。昨摹《平原帖》,丰骨何遒紧!更图狮子林,懒瓒韵未泯。只今年八十,抵掌谈玄牝。兴发自清夜,深杯每独引。当其挥洒余,卷轴如束笋。破纸及断缣,求乞无远返。闻君初生岁,上与华亭准。印镵后乙卯,好事供一听。维余托同调,思君忧心殷。一官坐束缚,欲往愁鞿靮。因风寄此篇,望气等关尹。"(清宋荦《寄查梅壑》)

恽寿平(1633—1690),初名格,字寿平,后以字行,又字正叔,别号南田,一号白云外史、云溪史、瓯香馆主等,武进(今江苏常州)人。清代常州画派的开创者,诗文书画,无不精擅。早年工于山水,后改画花鸟,发展形成了独具特色的"没骨花卉",在清代画坛影响深远。《国朝画征录》誉之曰:"近日无论江南江北,莫不家南田而户正叔,遂有常州派之目。"

《石渠宝笈》卷二十三著录，清宫中曾藏有恽寿平的《山水花卉合璧册》，其中有一幅"仿倪瓒"山水画，恽寿平自题款识曰："偶师倪迂小景，大约仿《狮子林图》。南田寿平。"款下有"'恽正叔'联印，前有'南田小隐'一印"。据此知，恽寿平也曾临过倪云林《狮子林图》，但据恽寿平自己在《瓯香馆集·画跋》中的说法，因为倪画久入内府，藏在宫中，他未能得见倪画原迹，只是见到了好友王翚的临本，由此推测，恽寿平的摹本大约是根据王翚的摹本辗转临写的。

台北故宫博物院藏有一幅《仿倪瓒古木丛篁图》，据画卷上恽寿平的题跋，也可以断定为仿倪云林而作，但并不是仿其全作，而是选取其中"古木丛篁"的局部，加以临摹，自谓能得云林"古趣"，甚至可以臻于洪谷子（按：五代画家荆浩）："古木平泉，丛篁积翠，不入时趋，殊有古趣，似得之于洪谷也。"但一天之后，恽寿平觉得昨日的题跋，略显狂妄，于是再加题跋自我解嘲道："昔倪元镇画《狮子林图》，以荆、关（按：五代画家荆浩、关仝）自喜，辄欲傲王蒙诸人。余且未似云林，敢望洪谷？东园生次日又题自讪。"

苏州人潘奕隽在《题南田仿云林山水》一诗及其序言中都曾提到恽寿平曾临倪画，且恽氏的摹本后为苏州人张东畬收藏，藏于狮林寺中。潘氏的序文中有曰："师林寺，今为画禅寺。寺故有园，为元倪瓒所造，名师子林。林今归于黄。倪又有图，图今亦失。东畬张子以所藏恽寿平仿倪画一幅藏于寺，寺僧昆峰索余题，未果。今春来游，为题其后。嘉庆二年

清恽寿平《仿倪瓒古木丛篁图》（台北故宫博物院藏）

人日。"诗曰："只树有园归江夏，东畬遗墨珍南田。是图非为师林写，其妙真得倪迂传。僧房啜茗慨逝岁，人日读画怀前贤。山门玉带有故事，画禅佳话留他年。"

而这样的传承和辗转依然在不断地延续，张东畬对自己珍藏的恽寿平摹本颇为珍视，藏在狮林寺中。在展卷摩挲之余，本是画家的张东畬也不禁技痒，曾作有摹本。这一史实，在《师子林纪胜续集》中多有反映。

张东畬，乾隆年间苏州画家，蒋宝龄《墨林今话》卷四对其生平有较为详细的记载："元和张东畬应均，字星岩，壬午副贡生，钱文敏公（按：常州籍画家钱维城）门下士。山水宗董、巨法，名噪都下，蕉林相国（按：书画家董邦达）尤赏之。后官蜀中，得山水之助，笔墨益工。归里卜筑城外，颇极幽栖之乐。旋迁居慕家花园，亦胜地也。余曾于鹿城僧寺见水墨园亭小帧，瘦竹疏花，殊得元人逸趣。余事作诗，亦清隽可诵。有《入蜀草》。"

《师子林纪胜续集》中就著录了张东畬自己所作的《补狮子林图》诗，在诗序中，张东畬很清楚地交代他临摹倪画的前后背景和经过，其序曰："乾隆癸丑九月，偕榕皋农部（按：潘奕隽）游师子林，晤昆峰住持，寺以废而复兴，云林遗墨无存，曾见于广陵吴翰林杜村斋中，犹记其原题诗句，因为补图。"在诗中，张氏认为，自己再次临摹倪画，完全是内心与倪云林的诗意、画境有共鸣、有契合，虽然绘画水平无法与倪云林相比，但是想要借绘画的方式让狮子林的美景和故事传留于后世的目的，则无二致。他在诗中这样说道："云林写真趣，静证宁有异？我来亦偶尔，信步忽有契……适逢同志人，乘兴寻初地……慨彼竹炉卷，原物已失坠。幸获九龙墨，至今成盛事。我虽非其匹，聊云存古意。规模忆前图，效颦随位置。况我水云士，诗章出胸次。叙述废兴由，什袭重清闷。我亦附骥尾，传留讵二致？……好藉风雅流，永言庶勿替。"在潘奕隽的诗集中，也可以读到类似的说法，潘奕隽在《秋日偕东畬同年游师林寺，晤昆峰禅师，茶话移时，越日，东畬作〈师林图〉，并系以诗，因次原韵，赠昆峰，俾藏诸寺》诗中有曰："禅门有废兴，云烟慨往事。因谐翰墨缘，为仿倪迂意。林峦与水石，一以臆布置。固知磊落人，丘壑蟠胸次。晴窗想挥毫，话雨同清闷。……逸事留珠林，风流庶无替。"张东畬仿倪云林笔意所画的《狮子林图》，"装成长卷"，"久藏寺中"，"一时题咏甚多"。到咸丰六年丙辰（1856）夏天，时任狮林寺住持的杲朗禅师和徐立方一起，"因将卷中题句"辑录到《师子林纪胜续集》中，潘奕隽、林芬、沈琛所作《题师子林图》，皆为题于张东畬摹本上的题画诗。

倪云林的真迹《狮子林图》，"久入内府"（清徐立方《摹〈南巡盛典·师子林图〉跋》），世人难以寓目。据恽寿平《瓯香馆集·画跋》，他的好友、著名的山水画家王翚曾临画过倪云林《狮子林图》，不知是否据倪画真迹而临者？恽寿平《画跋》有曰："《师林图》为迂翁最奇逸高渺之作，予未得见也。今见石谷此意，不求甚似，而师林缅然可思。真坐游于千载之上，与迂翁列峰相见也，石谷，古人哉！""幻霞有《狮子林》《清闷阁》，王叔明为顾仲瑛画《玉山草堂》，曹知白有《西林禅室》，皆称墨林神品。吾友石谷此图，当与古人后先标映，并垂永久。"从这两段画跋的记载来看，前述恽寿平临摹的《师子林图》，并非依据倪云林的原迹，而是根据好友王翚的作品《师林图》。恽寿平对倪画元人园亭的布局、意境有极好的解释，亦可视为他对倪云林《狮子林图》的评价，其文曰："元人园亭小景只用树石坡池随意点置，以亭台篱径映带曲折，天趣萧闲，使人游赏无尽。"

王翚（1632—1717），字石谷，号耕烟散人、乌目山人、清晖主人等。江苏常熟人。清初著名的山水画家，虞山画派的创始人，有"清初画圣"之美誉，与王时敏、王鉴、王原祁并称为"四王"。主张"以元人笔墨，运宋人丘壑，而泽以唐人气韵"。康熙三十年（1691），以布衣身份，供奉内廷，绘制《康熙南巡图》，历时三年而成，太子胤礽书以"山水清晖"，赠赐褒奖。王翚作为画师，供奉内廷，是否有缘得见倪云林原迹，不得而知，但从与他交游甚密的恽寿平的题跋中，可知王翚确实临摹过倪画。

2012年6月，中国嘉德国际拍卖有限公司拍出一幅标名为王翚的《仿倪高士狮子林图》水墨纸本手卷。据拍卖图录，引首"师子林图"，有俞樾题识曰："颀生仁兄属题。古无'狮'字，《汉书·西域传》之作'师子'。曲园俞樾并记。"钤"德清俞樾"白文印、"荫甫翰墨"朱文印。画卷风格简澹疏朗，卷中王翚的款识曰："倪高士自题《师子林图》，谓'得荆、关遗意，非王蒙辈所能梦见。'黄鹤山樵与云林，在当时已各自名家，何得形诸笔墨？可见古人道艺互相磨砺，不复阿私乃尔。虞山石谷王翚并书。"卷上钤有朱文"王翚私印"。

在这幅拍品上，还有很多近现代名家的题跋，可以作为资料保存，兹抄录于下：

石谷老人画学极博，凡宋元来南北两宗诸名迹，无不临摹而得其神似，惟于倪高士遗迹最难着手而又不肯弃置，故时复于仿古册中偶见一斑。此卷摆落一切，专志于云林用笔之先，来踪去迹，笔势悠长。斯画成后，仿倪书，录倪语，以见古迹之矜贵；而石谷隐隐自负之心亦借以流露也。予奔走风尘，见此老真迹不少，而欲得如此神妙者，不屡见。然亦幸得，归家后数月，萧闲时刻展阅，乃能领略。明吾姻兄有此世宝，勿以短小薄之。盖世间长笺大幅类，以气力成雄伟之观，而足以娱独坐者，反在于一二尺轻描淡写中得之。然轻描淡写而有精采，非具师子搏象力则不可得观止矣。艺进乎道，于此可征矣。丙辰四月，吴江陆恢题。（近代陆恢题跋，钤"陆恢"白文印、"话雨楼主"朱文印）

石谷此帧大有云林古澹天真之意，题字四行乃酷模倪书，脱尽本家笔法。所见石谷仿古卷册甚伙，从未有似此者。想见当时视此亦自以为极得意之作也。南田便面非题此画，而与此巧合亦自难得。丙寅九月，钝叟吴郁生。（近代吴郁生题跋，钤"钝斋"朱文印）

明末清初山水画支派甚多，大多是吴派支流，而以董其昌一派势力最大。石谷先学于王鉴，后拜王时敏门下，在临摹古人上下过苦工。虽受时代影响，对山水未有革新，然其绘技渊博，以至形成虞山派，而与娄东派共享盛名。此王畊烟仿倪高士师子林图，疏淡闲逸。云林山水以平淡雅洁胜，素不着人，唯龙门独步等图作衲子。石谷此帧专志云林用笔，录倪语，仿倪书，深得其神理，允为其代表之作。此卷经金传声鉴赏，金字兰坡，秀水人，精鉴别。卷后原装南田便面，后为重装者裁去，然与石谷仿云林师子图卷无涉也。乙丑中秋，中山欧初题。（现代欧初题跋，钤"欧初"白文印、"五桂山人"朱文印）

四王吾独爱耕烟，笔墨还从生活源。架屋叠床因袭死，神通倪瓒倍鲜妍。乙丑秋，漠阳关山月拜观并题。（现代关山月题跋，钤"关山月"白文印）

視此夭矯中果然氣目逶宗師宓
莱臺岂復用一㮾憷手二倪多酣
除不解密新要為莱陽㹈慶駕臺
臂妙墨小店拢一燕生千錫乃
关骄枝園居雙脒

一九六九年三月 有功法院目題

落旅精華已百年王郎
筆墨自英所傅神采寫
狮林貌泉下視迂忘覺然
王憚同心道疏哭致不真
豚鳯還巢高鳳郡入王郎
卷似是南田自解嘲
若第一首句第二首腹均用南田
題石谷畫诗自工憚回為清切九來
文精奂道此畫原為南田沒面合策
像為人劉去欲次首及之
己巳暮日 廿子紉湖樓記

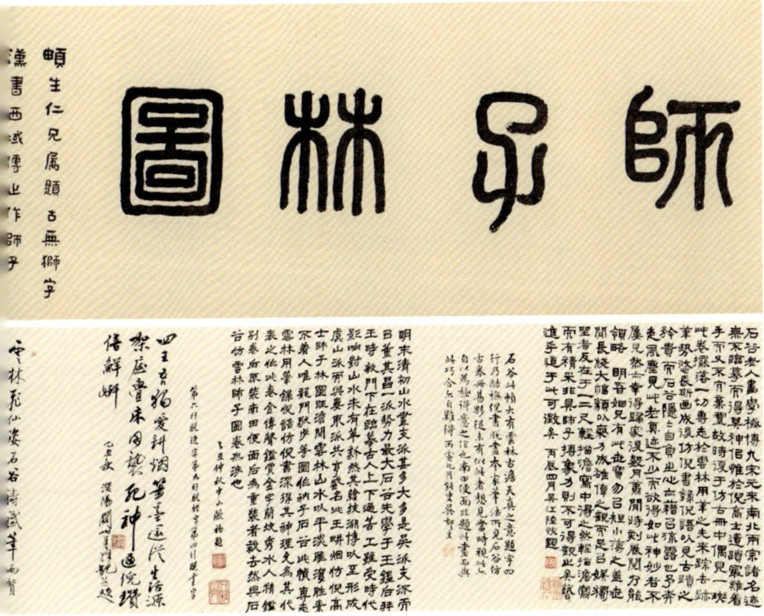

清王翚《仿倪高士师子林图》

云林飞仙姿,石谷铸铁笔。两贤相契合,形神融胶漆。昔见狮林本,乃写因公室。修竹个个匀,叠石层层出。视此尺幅中,景殊气同逸。宗师富万壑,岂复用一律。懒者学倪多,能疏不能密。新安与莱阳,枯瘦势壹郁。妙墨不唐施,一点金千镒,虚往而实归,披图屈双膝。一九八九年三月,启功获观因题。(现代启功题跋,钤"启"白文印、"启功之印"白文印、"元白无恙"白文印)

落纸精华已百年,王郎笔墨自英妍。传神不写狮林貌,泉下倪迂定莞然。王恽同心道艺交,钗分真盼凤还巢。高风都入王郎卷,似是南田自解嘲。右第一首首句、第二首腹句,均用南田题石谷画诗句。王恽同为清初大家,交称莫逆,此卷原与南田便面合装,后为人割去,故次首及之。己巳春日,苗子望湖楼记。(现代黄苗子题跋,钤"苗翁"白文印、"小虎尾轩"朱文印、"嗜好与俗殊酸咸"白文印)

临摹倪画《狮子林图》的艺术活动在江南画坛一直盛行不衰。常熟画家黄鼎,师从于"四王"之一的王原祁,并私淑王翚。作为"四王"弟子辈中的代表画家,他也曾在康熙壬寅(康熙六十一年,1722)临摹过倪云林的《狮子林图》。

黄鼎(1660—1730),字尊古,号旷亭,又号独往客,晚又号净垢老人。江苏常熟人。工山水，师从王原祁，私淑王翚。性爱游览，出游三十余载，徜徉啸傲山水间，穷自然造化之奥，所见诡奇殊绝之状，一寄之于画。故而吴中画坛有谓："石谷看尽古今名画，下笔俱有成处，得称大家；尊古看尽天下山水，下笔俱有生气，并称大家。"（清沈德潜《黄尊古墓志铭》）

黄鼎的摹本《狮子林图卷》，今存于重庆中国三峡博物馆，观其画卷，无论构图，还是笔墨、意境，与倪云林之画风尤近，确实如画史所说的那样，黄鼎的画，"笔墨苍劲，临摹古人，咄咄逼真"（清张庚《国朝画征录》卷下）。

康熙二十五年（1686），杭州诗人厉鹗在苏州，本想游览一下声名远扬的狮子林，不意受阻，园子的守门人以"闺人居此"为由，拒绝了诗人入园游赏的请求。意兴阑珊之际，他写下了一首小诗："名僧遗石在，迢递访前尘。北郭图难觅，东林社未湮。不逢浇竹叟，偏住散花人。怊怅回船处，温风荡绿蘋。"（清厉鹗《元僧惟则师子林，今为齐门某氏园，泛舟往访，阍者以闺人居此辞焉，怅然有作》）从其诗题可以看出，此时的狮子林园林已属私产，主人"某氏"完全可以拒绝陌生的来访者。

堪比兰亭的张氏狮子林雅集

在张大纯游览作诗的时候，狮子林花园已经成为狮林寺的"邻园"，其主人（也就是厉鹗所谓的"某氏"），究竟为谁？通过对存世文献的稽核和考索，大约在清代康熙初年，狮子林之园为苏州张氏家族所有。特别值得一提的是，张氏家族中的张士俊（字吁三）是一位风流雅士，在园林中又复现了诗文雅集盛况，堪比兰亭雅集，绝不逊色于天如禅师初创狮子林时的景况。

张士俊和他的父亲张文萃，都是风雅之士。他们非常注重与天下文人墨客的交往，对苏州的山水、园林文化的贡献颇多。邓尉赏梅胜地"六浮阁"就由张文萃、张士俊父子修建而成。

早在明万历四十五年（1617），嘉定文人李流芳来到光福太湖之畔的查山赏梅，被湖山映衬下的梅林美景深深打动，遂发愿要在山上购地，建"六浮阁"，距于梅林之上，然终其一生，竟未果也。八十年之后，张文萃购得了查山，在山上修建了"六浮阁"，成为苏州邓尉赏梅、观赏太湖风光最负盛名的胜地。父亲去世以后，张士俊又再加修缮、补葺，邀请四方名士前来登览，欣赏太湖美景和梅林若雪的盛况。著名文学家朱彝尊应邀而来，写下了著名的《六浮阁记》。此文一出，"六浮阁"之名遂盛行天下。其文有曰："六浮阁，在查山之阳，具区浸其右。六浮者，一曰长浮，二曰白浮，三曰箬浮，四曰苎浮，五曰茅浮，六曰箭浮。其崇卑小大形殊，或断或续，迤逦隈隩之外。方阁之未成也，嘉定李流芳长蘅过而乐之，思以十千钱构草阁，踞梅林之上，写图以告其友，兼题长句，觊其经营，而终不果也。后八十年，长洲张翁买此山，始为建阁，且治生圹。背阜面湖，周树石楠、栝、柏，以为藩。阁崎其南，当春梅放，拓西窗俯视，繁花百万，若密雪之被原隰。游人诧胜绝焉。未几，翁没。子士俊从而补葺之，有径有堂，有庖有湢。于是，四方名士，牵拂相招来会。岁在辛巳二月己未朔，予登是阁，睹渔帆出没，浦树清疏，山鸟琯琯，拂帘鸣旦暮，爱之不忍去，遂留信宿。士俊以记为请，将刻之坐隅。予惟三命之说术者，恒以动人，然儒生不以为非。盖夭寿通塞，莫不有命焉，至于山水之缘，尤未易得。处乎阛阓，有终身不知丘壑之趣者。翁生，居吴北郭，即元时师子林，而并椁于山，得此后来之幽宅。且建阁以表其胜，则李君所愿而不获遂者，翁先有之。士俊善继之志，冀扬翁名于百世，是翁之享于天者孔厚，不可谓时命之不达也。翁讳某，字某，自号松园老人，其行义详今礼部尚书韩公菼所为《志铭》及处士睢州田君兰芳《墓表》。"

张氏为吴人，居苏城北郭之狮子林。张父之名字，朱彝尊文中没有记载，汪份的《六浮阁考》对朱文多有补充注释，其中有谓："长蘅没后七十年，而吁三之尊人文萃买兹山，始见阁，缘檀园雅意，而袭其名，且治生圹。"由此可知，文萃当为张父之字。张士俊，字吁三，一字景尧，号六浮阁主人，监生。喜结交天下文士，好收藏南北名士题留的诗文书画墨迹，龚翔麟的诗有谓："主人性好客，扫壁留题惯。"（清龚翔麟《师子林和赵秋谷韵》）狮子林和六浮阁都成为一时文人游赏、唱和的风雅之地。康熙四十年辛巳（1701）二月，朱彝尊"登六浮阁观梅，诸君子麋至，分韵赋诗"（清汪份《六浮阁考》)，这次雅集就是由张士俊召集的。王煐在《六浮阁宴集》诗注中，提及了当时参加雅集的人："黄赞善忍庵（按："娄东十子"之一的黄与坚）自娄江，朱检讨竹垞（按：朱彝尊）至自槜李，徐检讨虹亭（按：徐釚）至自吴江。"后来，王煐等人又多次到六浮阁赏梅雅集，王煐的《后写忧集》《涧上草》等诗集中就留下不少诗歌。

城外太湖畔的六浮阁赏梅雅集，是张氏父子为苏州赏梅文化增添的一道靓丽人文景观。张士俊在狮子林中召集举办的文人"狮林雅集"，成为一时风尚，堪比兰亭。

清康熙四十一年（1702），岁在壬午，三月三日上巳节当天，狮子林主人张士俊邀请当时名流群贤会聚在狮子林，与会者有朱彝尊、王煐、文点、金侃、潘耒、周靖、周旦龄、陆漻、张大受、顾嗣立、徐昂发、朱甫田、释元祚、张士琦、高不骞、赵执信、毛今凤、李绂等数十人，分韵赋诗，颇有会稽兰亭曲水流觞的遗风。雅集中的诗作，不少被收入各自的别集中，《师子林纪胜续集》在编纂的时候，也将这次雅集的诗歌作品悉数辑入。

这次狮子林的上巳雅集，盛况空前，"英彦毕来集，参差类宾鸿。或翻缃素帙，或抚蚴蟉松。清言接亹亹，雅咏闻沨沨"（清潘耒《壬午上巳师子林修禊分韵得崇字》），完全可与明代初年"北郭十友"会集狮子林，觞咏挥翰的鼎盛局面相提并论。潘耒在诗中感叹道，虽然狮子林历经沧桑，"荣华一转眼，飘落荆榛丛"，但眼前的"亭台""水石"与"清言""雅咏"相映，不禁油然而生出归隐狮林的想法，他在诗中这样说道："文士餐秀色，逸民讨幽踪……小山善招隐，桂白兼梨红。愿偕北郭友，数访青狮翁。"这次雅集和明初"北郭十友"相比，略显遗憾的是，没有画家挥毫作画，留下形象的写实留真，文士们不免在诗作中有所流露："兰亭既已矣，此会良复艰！安得徐贲手，衣冠填青丹？点入画图中，千秋想遗颜。"（清李绂《壬午上巳师子林修禊分韵得山字》）但雅集中诸人共同完成的《师子林联句》，被《师子林纪胜续集》完整地保留下来，多少可从中感受到唱和时"载咏载歌"的热烈气氛，其诗曰：

句吴之门，曰葑曰娄（宝坻王焜紫诠）。狩彼师林，在城东陬（长洲文点与也）。或桄其车，或系之舟（吴县金侃亦陶）。有菀者松，有丰者蓲（吴江潘耒次耕）。有峰有岫，有涧有湫（吴县周靖敉宁）。降观深窟，忽焉崇邱（秀水朱彝尊锡鬯）。空嵌乖合，莫知其由（吴县周旦龄汉绍）。巨者狻猊，小类猿狖（长洲张士俊吁三）。或偃其背，或昂其头（吴县陆漻其清）。卧紫丝毯，戏黄金球（嘉定张大受日容）。攫拏爪利，奰屃髟髟（长洲顾嗣立侠君）。其眸土眜，厥尾棘钩（昆山徐昂发大临）。古苔疣瘢，细泉泡溲（秀水朱甫田袭远）。音生地籁，乳滴山瘦（江陵释元祚木文）。勇贾趻踔，气竭嘘咻（嘉定张士琦天申）。孙孙子子，小大挽搂（华亭高不骞查客）。引之栈阁，锢以铁鐐。（煐）讵愁飙拔，不虑贪偷（点）。昔有僧伽，营此夷犹（侃）。碑题至正，作者危欧（未）。青莲华界，十友倾投（靖）。北郭徐贲，绘图以留（朱）。暨逃虚子，赋诗迭酬（旦龄）。日月逾迈，经三百秋（士俊）。之子卜宅，宛在中洲（潓）。写心求友，结佩绸缪（大受）。舍尔钟鱼，斗我觥筹（嗣立）。维时仲春，风和日柔（昂发）。江梅白脱，兰草青抽（甫田）。池浮舒雁，屋拂鸣鸠（元祚）。纤鳞鳜鳜，丛竹修修（士琦）。载咏载歌，聊以忘忧（不骞）。

至于日常的迎来送往，诗文赠酬，自然是非常频繁，《师子林纪胜续集》中收录的许多诗歌就是这种日常风雅的实录，诸如：张大纯的《过师林寺志感》、梁迪的《雪中宴集师子林赠主人张吁三先生兼呈汪武曹前辈》、曹凯的《师林八景》等。这些就略而不谈了，这里有必要介绍一位宝坻诗人王煐和张士俊及狮子林的一端特殊渊源。

王煐（1651—1726），字子千（一作子冾），号盘麓、南区、南村、紫诠。直隶宝坻（今属天津）人。王溥之孙，王鼎吕之子。《（乾隆）宝坻县志》对其生平有较为详细的记载："王煐……喜博综，负意气，自少即慨然有尚友千古之志，不屑治帖括，曰：'寻行数墨中，安有不朽业哉？'乃大肆力于诗古文词。……每退食，与朱竹垞（按：朱彝尊）、姜西溟（按：姜宸英）、赵秋谷（按：赵执信）诸公，樽酒留连，扬扢风雅，一时有'华省仙郎'之号。"著有《忆雪楼集》《少作偶存》《田盘纪游》《蜀装》《芦中》《磵上》《秋山》《寥衡游》《并乡》《前后写忧》及《还庚》诸集十余种。曾南游江浙，"吊苏台，侨居白下、阳羡、淮阴间，所至辄交其地之贤豪"。

乾隆四十四年（1779），赵执信来苏州，在苏州织造署李煦府邸见到旧友王煃，写了两首五律诗以赠，诗题曰《小舟沿葑溪至李莱嵩煦使君别业，对饮话旧，知王南村亦客此》。赵执信与王煃畅游苏州，在一起游赏了狮子林之后，赵执信就写下了《师子林赠主人张吁三》一诗。他对园中的假山印象深刻，觉得颇有元代的旧日风韵，竟不由得羡慕张氏园居生活的幽娴自在。其诗曰："高亭擅一邱，怪石拥四面。坐疑夏云起，顾觉秋山乱。初窥惟谽谺，渐历有登践。区分洞壑成，径纡尺咫变。深洞转地中，飞梁出檐畔。前行鸟投巢，后至狖缘栈。峰峦入衣袖，松桂吹霜霰。犹被元时苔，复充目前玩。我本岩穴士，茧足攀跻惯。羡尔市尘居，闭门恣幽窔。"

康熙六十一年（1722）暮秋，王煃移居，寓居在狮子林。赵执信作诗赠之，诗题曰《南村移居师子林是故人张吁三宅》，诗云："遥从松吹认幽居，恨赋偏成感旧余。逝水年华凤毛短，飘风计画鹊巢虚。山楼只有仙来往，苔径都无人扫除。衰病飞扬前度客，重寻石磴曳衣裾。""生涯我已入群鸥，何似君为不系舟？乞米未甘拙言语，寄居犹择好林丘。担来仆厌书填簏，卧处心随月挂楼。此外惟余我相对，听君酌酒数交游。"自从王焞借住在狮子林之后，赵执信、李果（字实夫，苏州人）、张云章（字朴村，嘉定人）等好友都时常来园中，相互间的诗歌唱和就非常频繁。王焞就作有《新假寓园师子林，元人旧迹也，淦樵、饴山两先生时相过从，各有诗，同用冬韵》一诗，以纪一时之盛况，诗题就非常清晰地反映了这一事实，诗作更把诗友们在狮子林中"瀹茗清言"的场景写得具体而微："僻巷深藏此数峰，鸠居偶得遂疏慵。青鞋称脚便于屐，稚子扶肩稳胜筇。炼药养闲甘冷淡，吟诗遣兴任从容。二三知己频来往，瀹茗清言兴味浓。"李果的《游师子林》诗，就是"王南村观察招同张朴村赋"（清李果《游狮子林》序）。诗曰："长林薄东城，只园谁割此。垒石若林立，狰狞类师子。游戏非一状，拥抱或延企。曾无斧凿痕，天然露奇诡。其石垒成类师子，乃元人所构，倪云林有园，张伯雨诸公尝游其处，向为寺后，于寺中割取为园。洞深路屡易，穴尽峰忽起。登阁见遥山，南浦秋帆驶。疏花拂檐端，寒烟生足底。重游溯往昔，抚景逾一纪。白松偃二株，余者幸无毁。何意今晨集，快心复徙倚。时当重九后，风物尤闲美。嘉客有二仲，清淡适中理。沧桑感虽深，丘壑良可喜。"

李果和张士俊本就熟识，作诗题赠张士俊也是常事，在其所作的《师子林诗为张吁三先生赋》中有谓："昔有高僧爱此游，曾从其旁构绀宇。沧桑弹指三百年，碑版空留委宿莽。先生购得置草亭，闭户栖迟避风雨。"其中多少也能传达出张氏购得狮子林时的一些基本情况，诸如：狮子林早已是园寺分离，张氏仅购得原来的园子部分；张氏购得之后，在几近荒芜的原址上，新建了"草亭"等一些功能性的建筑，用以"闭户栖迟避风雨"。

乾隆帝垂青苏州狮子林

　　从本书前章所引王焕题写狮子林的诗歌，以及赵执信《南村移居师子林是故人张吁三宅》、李果《游师子林》诸诗，皆足以证明康熙六十一年（1722）的时候，狮子林依然属张氏家族。大约到乾隆初年，辗转易主，成为休宁黄氏之私家园林，名曰"涉园"。

　　狮子林在乾隆年间再次声名鹊起，与乾隆皇帝有着密切的关系。乾隆皇帝先是看到内阁所藏倪云林款的《狮子林图》，后又在南巡之际来苏州寻访狮子林旧踪，黄氏"涉园"（狮子林）因此而得到天子之垂青。乾隆帝不仅反复作诗题咏狮子林、临摹倪画《狮子林图》，还令一时群臣题诗作画，以纪御驾临幸狮林之盛事。更有甚者，乾隆帝先后在圆明园的长春园和承德避暑山庄仿造了两座"狮子林"，苏州狮子林之名声，遂蜚声九州。

初识云林遗墨和狮子林

　　说到乾隆皇帝和狮子林的渊源，还得从倪云林的《狮子林图》说起。清宫殿内廷所藏的历代名家书画丰富，倪云林《狮子林图》经过项元汴、董其昌、孙承泽、高士奇等人的收藏，最终辗转流传，归入内府。《石渠宝笈》卷十四记载，自从乾隆皇帝在内府寓目此画，便一发不可收，深深地爱上了这幅画作，开启了他与苏州狮子林的一段艺术渊源和故事。

　　倪云林的《狮子林图》何时入藏内府，暂时无法考定清楚。但有一点是很清楚的，爱好书画的乾隆帝在即位不久之后，就在大内府库中看到了倪云林款的《狮子林图》，确信无疑地把它视为倪云林的真迹，并列为"上等收一"[1]。欣喜之余，乾隆帝便提笔作诗，以纪这件盛事，其诗曰："借问狮子林，应在

1　在乾隆帝看来，大内所藏的这幅倪云林《狮子林图》为真迹，乾隆帝的《游狮子林》一诗中注曰："石渠宝笈旧藏有《狮子林图》，为倪高士真迹。"（《南巡盛典》卷六）并把他列为"上等收一"（《石渠宝笈》卷十四）。但是，这幅画是否为倪云林之真迹，目前学界还是颇多存疑的。田木《倪云林和他的几幅作品》（《文物》1961年第6期）一文认为：明末清初有多个题写倪瓒名款的《狮子林图》流传，乾隆时期内府所藏的倪瓒款《狮子林图》只是某一个临本，画上的题字和收藏印章，均系作伪。徐邦达《古书画伪讹考辨》（江苏古籍出版社1984年版）一书中也认为"应为旧摹本"。

113

上编　诗画狮林历史

无何有？西天与震旦，不异反覆手。倪子具善根，宿习摩竭受。苍苍图树石，了了离尘垢。声彻大千界，如是狮子吼。"

这首御笔《倪瓒狮子林图》，收录在乾隆皇帝的《御制诗集初集》卷二中，诗歌写作的具体时间为乾隆四年己未（1739）重阳前夕。乾隆皇帝出于对倪画的喜欢，由此滋生出寻访狮子林实景的想法。从诗句来看，此时的乾隆帝似乎对狮子林这座古典园林并不是很了解，甚至不知道世间是否真有这样的一座古典园林，故而会在首联有"借问狮子林，应在无何有"这样的疑问。直到乾隆二十二年丁丑（1757），乾隆帝第二次南巡来到苏州，身临其境，游览了狮子林之后，在题写的《题倪瓒狮子林图叠旧作韵》诗中，就纠正了十八年前的错误，"谁知狮子林，宛在金阊有"，并在随文的诗注中说道："旧题云：'借问狮子林，应在无何有？'盖彼时不知即在苏城也。"然而，在这首新作的诗歌中，乾隆皇帝又出现了一个认识上的偏差，即认为狮子林这座江南名园，就是出自倪云林的手笔，园林不仅是他亲自营缮的，而且还是根据自己的这幅画作而修建的。在乾隆帝的诗作中有谓："一溪与一峰，位置倪翁手。"在诗句下，他加了一条自注曰："园中点缀，云皆云林自构。"这次游览中的另一首诗《游狮子林》的首联也这样说："早知狮子林，传自倪高士。"这样的认知，在乾隆帝的诗文作品中反反复复出现，且一直持续了近三十年之久。这期间，再加上近臣们的大量唱和诗作，使得这一说法日益强化，因而历史文献的记载中，就不乏有按照倪云林画作修建狮子林这一说法。帝王的金口玉言，岂能轻易辩驳，无论近臣，抑或史官，无不心知肚明。这一误会直到乾隆四十九（1784），乾隆帝最后一次南巡，获得徐贲的《狮子林十二景》册页后，方才得以纠正，经乾隆帝本人的"金口"说出，天下人恍然大悟。

在徐贲的《狮子林十二景》中，乾隆帝读到了陆深、姚广孝等人的诗文题跋，终于厘清了倪云林画和狮子林之间的关系。在次年（乾隆五十年乙巳）所作的《题徐贲狮子林十二景册》诗中，乾隆帝就公开纠正了这一错误，在诗的开端，乾隆帝就开门见山地说："将谓狮林创老迁，谁知维则始姑苏？"并在句下写了一条自注，对二十多年以来的误会做明确的辨析："石渠宝笈旧藏倪瓒画《狮子林图》，瓒自识'如海因公宜宝之'，盖为如海作图也。按：如海，为元僧维则第三辈弟子。狮林实创自维则，后人率以狮林属之倪迁，盖误矣。甲辰南巡，复得徐贲画《狮林十二景》，后有姚广孝跋，称徐贲为如海作，益可为证。册中陆深跋：元僧维则，好聚奇石，类猭猊，故取佛语名庵。或云：维则得法于本中峰，本时住天目之狮子岩，盖以识授受之原也。"在其后的诗句中，他还纠正了狮子林是据倪画而修建的误解，诗中有云："册分十二幼文画，卷作长方懒瓒图。各与海公供秘玩，同为佛偈演浮屠。"并加自注曰："徐贲画册，列景分绘，为十二帧，倪瓒则系通景长卷，皆为僧如海作清供者。"此后不久，乾隆帝又作了一组《再题徐贲狮子林图十二帧》组诗，对徐贲的十二景一一题咏，并在

将谓狮林剏老迁　谁知维则始姑苏　册分十二仿文

画卷作长方懒攒　图尔与海亡供　秘玩同为佛

偈演浮屠人家自己珠　至事　道衍於斯愧也爰

甲辰仲夏月下澣　御笔

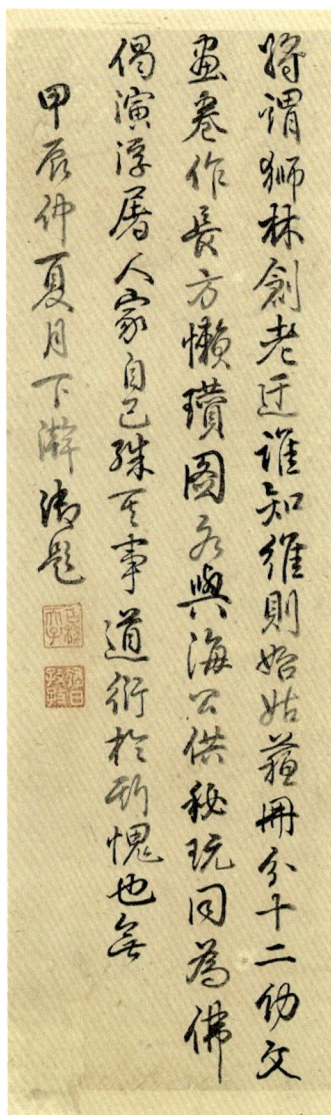

明徐贲《狮子林十二景》卷末乾隆帝御笔题诗

長卷多年藏石
渠盡簪十二見
荒初方知數典
因維則宰榮雄
峥奮迅如

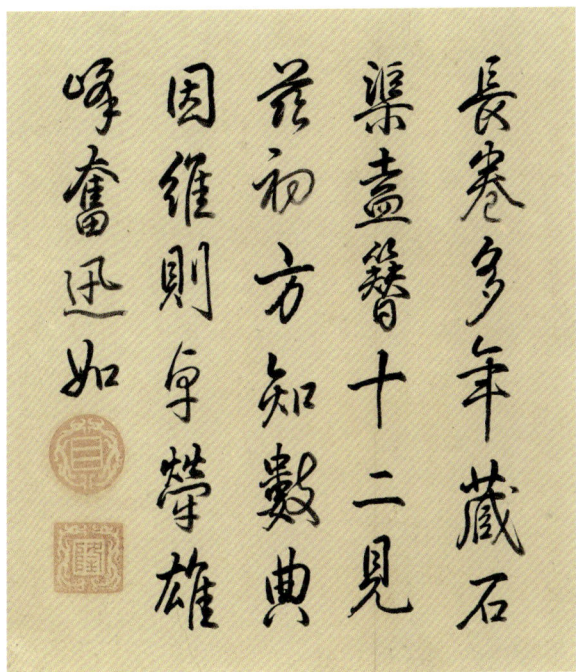

明徐贲《狮子林十二景·师子峰》乾隆帝御笔题诗

第一首《师子峰》的题诗中再次申明："长卷多年藏石渠，盍
簪十二见兹初。方知数典因维则，卓荦雄峰奋迅如。"

在乾隆皇帝发现了多年以来的错误之后，他还亲自撰写
了一篇考证性质的题跋文，以检讨自己以讹传讹，错将狮子
林误认为"倪迂别业"。乾隆帝还把他的诗作和考证文章，
一并题写于养心殿所藏的倪瓒《狮子林图》的卷后。与此同
时，他还下令梁国治、刘墉等精擅书画的大臣一起合作，撰写
了一篇长文，把苏州狮子林园的造园始末，以及乾隆皇帝先
后获得倪瓒、徐贲画作的经过，悉数写入，与御笔题诗一并
题写在徐贲的《狮子林十二景》卷后。

乾隆皇帝对狮子林的认识是从倪云林的画卷开始的，从
开始不知道人间是否真有狮子林，到最后真正了解并深深喜
欢上狮子林，无不随着他对倪云林《狮子林图》研究的深入
而逐步进阶。在这一过程中，徐贲的《狮子林十二景》及杜琼
临摹徐贲而作的《狮子林图》，都产生过重要的影响。因而，
可以毫不夸张地说，一段段的翰墨缘，促成了乾隆帝对苏州
狮子林的情有独钟，也让狮子林蜚声海内外。

南巡游赏苏州狮林

从最开始不知道天下是否真有狮子林这样的一座园林，
在倪云林画作"旧题云：'借问狮子林，应在无何有？'盖彼
时不知即在苏城也"（清弘历《题倪瓒狮子林图叠旧作韵》诗

臣謹按獅子林至正二年建臨田善誠正
宗禪維則有地結屋以居其徒明
陽元寺記維則新人鄧氏如謂法於中峯明
本見翠岫志新其徒僧曰獅子林別
錄今鴆存如海髙昌人見王釋詩歧又髙昌
公迫今印公云如則公孫印海乃
則座下第三章凡以天如則以卓孝
林十二詠序云以如則公孫
子林詠序云其歧如則以卓孝
乃雛則等三世住持其歧則陳氏
年丁西地廣李三世則當贈乃歧
山越二十一年正西時贈獅子
作顧卯見二十二年至永十三年
年其作洪武十八年徐卯便頌乃
之諸入人詩文但稱祠獅子林自之
為德自成如海佺如陶寮寺曾
南村集有題翁如海人越其名不全知海乃
則陳氏費記云然則獅子林則
林乃雛則當贈其而非贈贈乃雛則
然無題與貴記云如氏並佺云
一肥贈一徐費所裒文氏裒令渴
惟來徐德熙圖朱生而倪瓚畫其後
內府瑨圖卷日與張丑清河書畫舫相符
獅子林紀陳氏歧又有贈二首卷中俠
去貴圖冊自歧歧倪贈歧與五首詩
其髙懒五言圖册本見歧末詩集翁髙
貴朱歧歧敦云不知陳氏雷廣李歧中
明指云貴作可未歧未趙诸歧李歧謂
無髙矷等七人留惟廣孝小楷書詩歧
其裒視見姑歧繪獅子林精蓝賧而兩圖
莫皇皇超妙粒歧地嵇其題政隁流傳乃
橡均可為藝苑歧貴畫
皇上以舊藏新寢至初印證已皆傳之誤求真是之
歸
命曰歧鈔指諸書政臨蘭末卽一藝事之微歸不
研精致實無取瞻趣必使徵信貫通逺然各昝選存
好古之意情亦
劉孝之燥學也夫 臣 等不勝欽眼 臣 梁國治 臣 劉墉
臣 董誥 臣 彭元瑞謹跋
臣 曹文埴謹躍 臣 王杰謹書

明徐贲《狮子林十二景》卷末群臣落款撰写的题跋

119

下自注），到后来知道苏州狮子林的基本历史情况后，乾隆帝便决定要到苏州去实地寻访游赏一番。

乾隆二十二年丁丑（1757），乾隆皇帝第二次南巡来到苏州，带着倪云林画作的美好记忆，来到了狮子林的旧址。此时的狮子林已易主，为"黄姓涉园"（清弘历《游狮子林》"久属他氏矣"句下自注），虽不免有些许的岁月沧桑感慨，但在狮子林的群峰中徜徉，登山临水间，对园中的山峰溪壑依然是喜爱有加。于是，他便把狮子林和苏州城外赵宦光的寒山别业并视为人间仙境，挥翰题写了"镜智圆照"的匾额，并作《游狮子林》一诗，其诗曰："早知狮子林，传自倪高士。疑其藏幽谷，而宛居闹市。肯构惜无人，久属他氏矣。手迹藏石渠，不亡赖有此。讵可失目前，大吏称未饰。未饰乃本然，益当寻屐齿。假山似真山，仙凡异尺咫。松挂千年藤，池贮五湖水。小亭真一笠，矮屋肩可倚。缅五百年前，良朋此萃止。浇花供佛钵，瀹茗谈元髓。未拟泉石寿，泉石况半毁。西望寒泉山，赵氏遗旧址。亭台乃一新，高下焕朱紫。何幸何不幸？谁为剖其旨？似觉凡夫云，惭愧云林子。"

诗中所谓"西望寒泉山，赵氏遗旧址"，是指明代苏州文人赵宦光位于苏州城西的"寒山别业"。赵氏寒山别业是在真山真水中尽享山林之乐，而位于苏州城里的狮子林，虽然"宛居闹市"，但园中的"假山似真山"，身处其中，"浇花供佛"，"瀹茗谈玄"，诚乃是"城市山林"，园内园外，竟是"仙凡异尺咫"的两重世界！在另一首题诗中，乾隆帝的兴奋之情溢于言表，说出了这样的话语："谁知狮子林，宛在金阊有！一溪与一峰，位置倪翁手。我昨涉其藩，安能契授受？已觉净诸品，外物不足垢！邮卷重题辞，尚闻竹籁吼。"（清弘历《题倪瓒狮子林图叠旧作韵》）

兴奋之余，乾隆皇帝的内心多少有些复杂，在倪云林款的《狮子林图》上，他题写了一段长跋，其中不无伤感地说道："故址虽存，已屡易为黄氏涉园。今尚能指为狮子林者，独赖有斯图耳，翰墨精灵，林泉藉以不朽。地以人传，正此谓耶。"

乾隆皇帝南巡时，狮子林已属休宁黄氏家族。清代苏州嘉、道年间的著名学者顾禄在《清嘉录》卷三中记载道："本朝康熙间，黄小华殿撰轩之父购为涉园。圣祖、高宗南巡，屡幸其地。"这一记载显然有误。核之黄轩之父黄兴仁的生平，顾禄所云康熙间黄兴仁"购为涉园"之说不确。黄兴仁（1702—1756），字元长，号蔼堂。休宁（今属安徽）人，徒居吴县（今江苏苏州），寄籍钱塘（今浙江杭州）。岁贡生。"官刑部江西司员外郎，擢附件司郎中。"雍正间，查勘贵州苗疆军需赈务，"屡以功得叙"，雍正九年（1731）选授刑部江南司员外郎；十一年，升福建司郎中。乾隆元年（1736）九月，"还京，授湖南衡州知府"，不久之后，代衡永郴桂道，请免顺治初所设九厘饷，未准。乾隆三年，"罣礼议，落职归"。回到苏州后，"卜宅苏州师子林"（以上据《（道光）休宁县志》卷十三）。黄兴仁对狮子林重加修葺，改称为"涉园"，其意源自陶渊明《归去来兮辞》中的"园日涉以成趣"。朱象贤《闻见偶录》记载，黄氏涉园又名"五松园"，因为"园有松五株，皆生石上，故以为名"。直到今天，"五松园"这一旧称依然存留，且为园中一大景点。

朱象贤书中对当时园中景象的描述较为细致，其中有谓："园中位置，东半多山，西半多水，山用太湖佳石磊成，幅员不甚广，而能使之幽深曲折，虽咫尺而有遥远之致，诚一绝境。相传为倪高士云林堆叠，乃不知者之讹传，但非出自后世凡手耳。俗称为狮子林者，缘怪石状若狻猊，参差林立而名之也。至郡城内外，或旧存，或新造，除前述外，尚有可观之地，独此山石之佳，堆叠之妙，超出于众，聊为识之。"据此，大概可以明白乾隆皇帝伤感的原因，欲睹元代狮子林的完整旧观，实属奢望，唯一幸运的是，园中嶙峋的山石依旧，"怪石状若狻猊，参差林立"，"山石之佳，堆叠之妙，超出于众"，犹可"俗称为狮子林者"也。同样的记载也见于顾禄《清嘉录》卷三："园中有古松五株，皆生石上，俗又名五松园。舒铁云《游狮子林作》云：'百转百丘壑，一步一阶级。缩地无近谋，漏天有余涩。云林老画师，笔笔不相袭。凝神惨经营，弹指妙结习。'载《瓶水斋集》中。"舒位（号铁云）的诗歌也是一个重要的印证。

乾隆皇帝第一次到狮子林游赏时，园主黄兴仁在园中接圣驾，其三子黄腾达、黄轩、黄腾骧陪侍在旁。黄兴仁的三个儿子，次子黄轩名气最大。黄轩（1739—1787），字日驾，号小

狮子林砖雕门额"涉趣"

华、蔚塍、森崖等。休宁（今属安徽）人，徙居吴县（今江苏苏州）。黄腾达异母弟。居涉园。乾隆三十六年（1771）状元。授翰林院修撰。三十八年授四库馆纂修，充文渊阁校理、四库全书馆总校、国史方略功臣馆纂修。四十二年为山东乡试主考官。四十七年在南尚书房行走。四十九年迎乾隆帝第六次游狮子林，充日讲起居注官。五十一年任四川川东道。台湾用兵，督办川省协济军米，卒于重庆。追加按察使衔。通文史。书法赵孟頫，曾撰休宁京师会馆碑记。主持纂修宋吴缜《五代史纂误》，参与辑佚《永乐大典》。

长子黄腾达（1739—？），字笏居，号斗槎、云衢。寄籍仁和（今浙江杭州），参加科举，乾隆二十六年（1761）中恩科进士。曾官礼科给事中、湖广道御史（《吴门补乘》卷十）。曾寓居吴江黎里，《（嘉庆）黎里志》卷十一《寓贤》有传："黄腾达，字云衢，休宁人。乾隆辛巳进士，官至京畿道鉴察御史。充庶常时，曾馆外舅删承潮家。继又赁居陈氏百蔗堂。书法晋人，作诗文不削稿。著有《□□□□》。"幼子黄腾骧（1747—？），字北野，号春衢。乾隆五十一年（1786）举人。曾任庐州府训导。

此后，乾隆皇帝南巡到苏州，狮子林几乎是必到之处，《（道光）休宁县志》卷十三中有谓："圣驾南巡，五幸其处，时人荣之。"核诸乾隆皇帝的《御制诗集》及相关文献的记载，此后乾隆帝又曾五次驻跸、游览狮子林，先后共计六次。

需要说明的是，乾隆皇帝第二次、第三次游览狮子林，都在乾隆二十七年壬午第三次南巡之际，他在南巡往返经过苏州时，两次入园游赏，若同年两次合并计算，《休宁县志》所谓"五幸其处"亦不误也。这两次游览狮子林，乾隆皇帝先后为画禅寺御书题写"镜智圆照""画禅寺"匾额，并题写诗歌。尤其值得一提的是，在游览狮子林之后，他发现没有随身携带宫中所藏的倪云林画作，遂命人送至苏州，在展卷把玩之后，就照着倪云林画作"依样画葫芦"，临摹了一幅《狮子林图》，并在临摹之作上题咏了一首诗："狮子林称芗故吴，倪迂旧迹不宜无。石渠妙品难虚彼，竹院清娱漫仿吾。虽亦循门得蹊径，真成依样画葫芦。装池付弆留佳话，惜墨闲情或可夫。"（清弘历《摹倪瓒狮子林图并题以句》）在诗歌的自注中，他把自己临摹的动机说得极清楚："倪瓒是图，已入石渠宝笈上等，不可置此而去，因摹其真迹，命永藏吴中。"皇帝御笔的摹本留在苏州，只可惜今已不见流传。

"乾隆三十年，岁在乙酉，四举南巡之典。"〔《（道光）苏州府志》卷首二〕乾隆皇帝第四次来到苏州狮子林，黄氏兄弟接驾，乾隆帝龙心大悦，题写了"真趣"匾额[1]。黄氏兄弟因为接驾有功，在这年的二月二十七日，受到皇帝的赏赐，《（道光）苏州府志》卷首二《巡幸》中有专门的记载："奉旨

1　《南巡盛典》卷八十五："乙酉，御书额曰'真趣'。"

生员黄轩、黄腾骧著各赏缎一匹。"

受到皇帝赏赉的黄氏家族,似乎也开启了家运的隆昌之势。六年之后,即乾隆三十六年(1771),黄轩高中状元。黄氏家族遂开始"精修府第,重整庭园",在园中增建"真趣亭",亭中悬挂着御书"真趣",一直延续到今天。狮子林又重新焕发繁盛的面貌,甚至有超越近邻拙政园之势,时人钱泳在其所作的《狮林竹枝词》中就曾这样写道:"兰雪堂前青草蕃,蒋家三径亦荒园。寻春闻说狮林好,借问谁家黄状元?""兰雪堂"是拙政园中重要的建筑,诗中所谓"蒋家",是指当时拙政园(时名"复园")的主人蒋棨。相较于拙政园的荒芜,黄状元家的狮子林更胜一筹,故而有"寻春闻说狮林好"的说法。

乾隆皇帝在四十五年庚子(1780)、四十九年甲辰的第五次、第六次南巡时,都来到狮子林故地重游,并有题诗留下。扈从的群臣应皇帝的旨意,纷纷唱和。在最后一次游览苏州黄氏狮子林后,乾隆皇帝赐予黄轩"福"字匾额,此匾额一直为黄氏后人珍藏,现存于休宁县文管所。

帝王的驻跸游览,使得黄氏狮子林一时声名鹊起,诸如沈德潜、彭启丰、韩是升、吴蔚光(原籍休宁,寓居常熟)、潘奕隽、吴翌凤等苏州本地士绅,都先后前来游赏题诗。前来参访赏玩的,还有袁枚、赵翼、吴锡麒、刘大观等当时的文坛名宿,他们写诗填词,纷纷题咏,很多作品都见收于《师子林纪胜续集》中。这些诗歌题咏,可以让人身临其境地感受到这样一个史实:黄氏涉园又一次复现了元末明初狮子林群贤毕至、觞咏不绝的风雅盛景。

赵翼与黄腾达是乾隆二十六年（1761）恩科进士的"同年"。乾隆四十四年己亥，赵翼来苏州拜会老友，游览狮子林，写下了长诗《同蓉溪、芷堂游狮子林题壁，兼寄园主同年黄云衢侍御》，对黄氏园中的假山有大量篇幅的描写。娄县（今江苏昆山、太仓一带）诗人陆文启在游览黄氏园林之后，作《游五松园》诗，不仅描绘了园子里"奇峰万态"的壮观，依然保持着旧时的样貌，令人叹为观止；也写到了乾隆皇帝"带火"狮子林之后，狮子林的园亭和寺庙都修葺一新，以及友朋欣然前来玩乐的盛况，极具史料价值。其中有曰："树石世希有，游历惊险怪。度地无五亩，奇峰具万态。变幻狡狯状，狰狞斗雄迈。玲珑九窍通，老米应下拜。一径洞口开，蹑足惧险隘。行行转旷朗，忽忽迷所处。展转往复回，迤逦靡有届。同游各取路，倏忽面相对。分明笑语通，咫尺分疆界。小憩听松亭，松风振清籁。斑驳古龙鳞，五株竞偃盖。灵根迸石罅，俨向黄山贷。得势共昂霄，凭空俨结队。目荧不暇接，足力甚矣惫。……台榭几沧桑，林峦永不坏。千古倪迂图，流传入大内。今皇莅东吴，征图降羽旆。峰壑旧规模，招提新藻绩。我今蹑屐来，欣然逐朋辈……"

君臣集体摹画《狮子林图》

乾隆皇帝因画结缘狮子林，来到苏州狮子林之后，不仅

主再詢問曰
維何事太
紛如
巳亥季夏
上瀚再疊
前韻見句
并書於右
陽羨

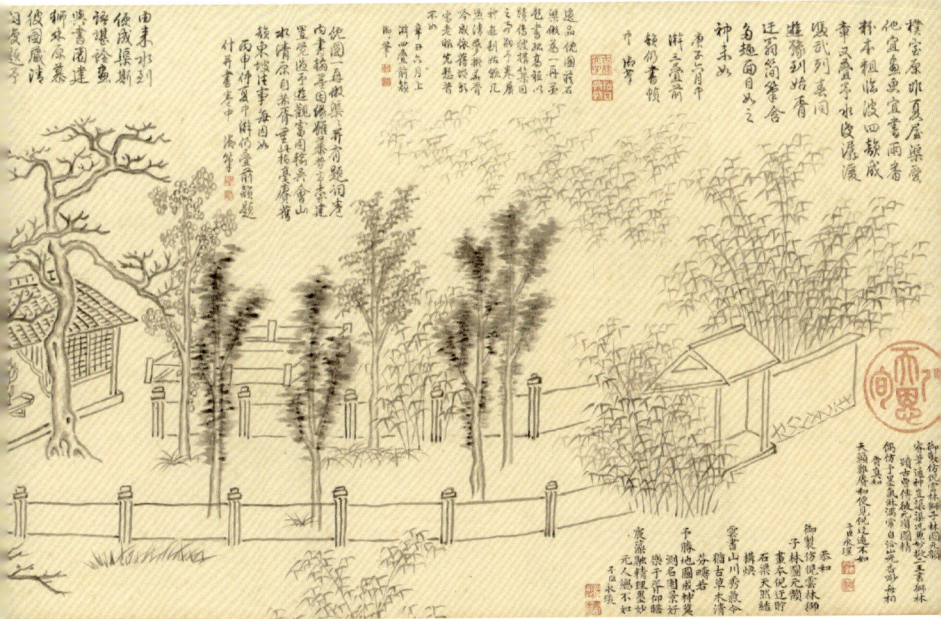

清弘历《临倪云林狮子林图》（故宫博物院藏）

自己题诗、临摹倪云林的《狮子林图》，也命扈从身旁的群臣挥翰题诗、作画。一时的书画名家，如钱维城、方琮等人都曾应制仿倪云林《狮子林图》，为苏州狮子林又新增了一重艺术因缘。

在上一节中说到，乾隆二十七年壬午（1762），乾隆帝在游览苏州狮子林之后，兴之所至，临摹了一幅倪云林《狮子林图》，"命永藏吴中"。这在他的《御制诗集》不少诗歌的自注中都有记载，诸如："倪瓒《狮子林图》卷，久入《石渠宝笈》上等。壬午南巡，曾摹写成卷，题诗留弄园中，以识名区胜迹"（清弘历《杜琼狮林图》自注）；"壬午南巡，过狮子林，曾手临内府所藏倪瓒真迹一卷留贮"（清弘历《题仿古卷六种·右方琮仿倪瓒狮子林图》自注）。

留存在苏州狮子林的御笔摹本《狮子林图》今已难考其去向，不知是否犹在天壤之间？然故宫博物院中尚保存乾隆皇帝临摹倪云林的《狮子林图》，由此可知，他不止一次地临摹过倪画，可见乾隆皇帝对苏州狮子林和倪云林画的喜爱。故宫博物院所藏的御笔摹本，是乾隆皇帝在乾隆三十七年（1772）暮春时节，为了庆祝长春园中狮子林的落成，在新园子中展卷欣赏倪瓒的原画，再一遍的临摹。卷末的题跋中，乾隆皇帝明确地交代了这幅仿作的来龙去脉，其中有曰："兹御园规构狮子林落成，复仿倪迂意成卷，并题一律，藏之清閟阁，展图静对狮林景象，宛然如覩。而吴民亲爱之忱，尤恍遇心目间。余之所恋，固在彼而不在此。"从画面的构图和笔法来看，这个御笔摹本，临摹之迹明显，几乎是对倪云林原画的全盘拷贝，且笔墨屡弱，所以乾隆帝自己在题诗中说是"依样画葫芦"（清弘历《摹倪瓒狮子林图并题以句》），并非自谦之词。对此，乾隆皇帝自己也很坦诚，画卷的引首，他亲书"艺循清閟"四字。他临摹倪画只在乎"一时偶尔抒闲兴"（清弘历《题所仿倪瓒狮子林图五叠前韵》），至于能不能与倪云林抗衡，并不是他所计较的。且他深知自己也无法与其相提并论，贵为君王，还是有自知之明的。

对于这幅临摹之作，乾隆皇帝本人颇为得意，画成之后，他让宫中的文学侍从和诸皇子题诗留念，现存画卷的卷尾还有嵇璜、梁国治、董诰、姜晟、曹秀先、谢墉、成亲王永瑆等人，以及后来继承皇位的嘉庆帝永琰的题诗。此后，乾隆皇帝还会时时拿出自己的这张临摹之作，一次次地把新作的题诗书写在画卷之上，因而画卷上题满了他亲笔的御制诗。画卷上的御制诗只有诗作正文，若结合《御制诗集》《钦定热河志》等文献，读读诗中的自注文字，这幅御笔摹本背后的故事会更加丰富，不妨摘引《御制诗集五集》卷三十四《题文园狮子林》一诗及其自注如下：

　　曾向吴门粉本携，仿为一再景堪齐。谓他城市山林尔（自注：吴中狮子林，在姑苏城内，虽有城市山林之意，然究不若塞苑山水天然，因其势而位置之，又非吴中所能及也。），逊此庄园漠塞兮。古北关宁限

清弘历《仿倪瓒狮子林图》卷首题字

中外（自注：圆明园亦有狮子林景。），金阊地早易黄
倪（自注：狮林创自倪迂，屡易园主，今已久为黄氏涉
园矣。）为图九叠十全毕（自注：文园狮子林，曾仿
倪瓒为图题什，弆清闷阁。昨丙午九叠韵，已成十全，
嗣后不复叠韵重题。卷中是以昨年诗有吟成九叠十
全什，应罢重题。前例如之句，谓依《中秋帖子》《涿
鹿行》诸什例也。），画卷中兹不复题。

乾隆皇帝对历代书画艺术赏爱有加，群臣侍从中亦不
乏擅长书画的名家。钱维城就是其中之一。钱维城（1720—
1772），初名辛来，字宗磐、宗盟，号幼安、幼庵、宗苍、茶
山、稼轩。阳湖（今江苏常州）人。乾隆十年（1745）状元及
第。授翰林院修撰，累官至刑部左侍郎。卒赠尚书，谥文敏。
钱维城的学问精洽，工诗文，善书画。书法学宋代的苏轼，绘
画取法元四家，所进画册，多被乾隆皇帝御题，是乾隆朝与
董诰齐名的著名画家。

作为乾隆皇帝身边的宠臣，工于书画，钱维城时常和皇
帝一起赏画论艺，因而能够得见内府秘藏的历代名画。据钱
维城自述，他曾在内府欣赏到倪云林的《狮子林图》，其中有
谓："云林画《狮子林图》，自诩非王蒙辈所能梦见。此卷现
贮天府，臣于编纂之下，曾得敬观，简古秀逸，迥脱凡蹊，洵
高士一生得意笔也。"乾隆二十二年丁丑（1757），乾隆皇帝
第二次南巡的时候，钱维城陪侍在旁，平生第一次游览苏州

狮子林，奉命作摹本《狮子林全景图》，整个过程都在其摹本卷末的题跋中详细叙述，其文有曰："丁丑春，扈从南巡，驻跸吴下，奉命游狮林寺，林石依然，相传为云林结构。其园右以水胜，左以树石胜。水园之洞凡九，沿池屈曲，累累如贯珠，循石桥以东为岸。园古松参天，石势磊砢，为洞亦九，或悬桥而通，或拾磴而上，或仰而探，或俯而入，如羊肠九曲，宛转层折，仍归一途。以第一洞左右为出入分径，入左者出右，入右者出左。奥窔天成，数亩有千里之势，云林所绘，特其一角，所谓以不似为似者也。臣不揣拙劣，辄规模全势，绘为此图，非敢学步倪迂，聊以存庐山真面目耳。"

从这段跋语中，可以得知，钱维城的画作并不是完全模仿倪画，而是有自己独特的视角和构思。他觉得倪云林的原作只是表现狮子林的一角而已，所用笔墨多有写意的成分，所谓"以不似为似者"也。钱维城所画的《狮子林全景图》是一幅长卷，今藏于加拿大阿尔伯特博物馆。钱维城不愧是一位技艺高超的山水画家，他所画的这幅《狮子林全景图》，展现的狮子林全景，应该就是黄兴仁家族卜宅时的真实景况。诚如画跋中所说，园中景境，一半以水见胜，一半以山石树木见胜，园中的建筑点缀、映衬在山水之间，与其说它是一幅园林写真画，还不如说它更似一幅气势恢宏的山水长卷。画卷的后半段，基本的布局和画法，多少还可以看出画家对倪云林原作的临摹之迹。而对狮子林群峰的表现，画家多有自己的理解和独特处理，他在小斧劈皴中融入了披麻皴，再加

雲林畫獅子林圖自謂非王蒙輩所能夢見此卷現

貯

天府臣於編纂之下曾得敬觀簡古秀逸迥脫凡蹊洵高

士一生得意筆也丁丑春扈從

南巡駐蹕吳下奉

命遊獅林寺林石依然相傳為雲林結搆其園右以水勝左以樹

石勝水園之洞凡九沿池屈曲纍纍如貫珠循石橋以東

為岸園古松蒼天石勢磊砢為洞凡九或懸橋而通或拾

磴而上或仰而探或俯而入如羊腸九曲宛轉層折仍歸

一途以第一洞左右為出入分徑入左者出右入右者出左竟

突天成數畝有千里之勢雲林所繪特其一角所謂以不

似為似者也臣不揣拙劣輒規撫全勢繪為此圖非敢學

步倪迂聊以存廬山真面目耳

臣錢維城恭畫并敬識

清钱维城《狮子林全景图》卷末题跋

清钱维城《狮子林全景图》局部，
这部分有临倪画之迹

清钱维城《狮子林全景图》（加拿大阿尔伯特博物馆藏）

清钱维城《狮子林全景图》局部，小斧劈皴、披麻皴和点苔的综合运用

一角狮林盖未完补成全景谁
亳端为泉为石
分明忆昔竹关
松高下攒倪氏
岂知黄氏合今
图又作古园君
唉予岁庭云岭
倣何以垒剔四
句观
甲午仲春月
御题

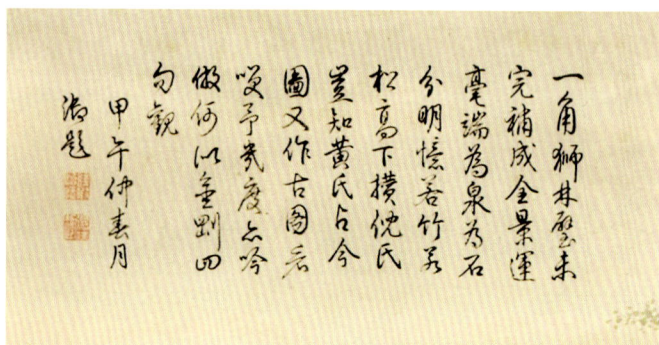

清钱维城《狮子林全景图》乾隆帝御题

以苍润的点苔技法，使得画面上群峰并峙，层次错落，陡峻奇特之中又不失江南山水的幽秀俊逸之美。卷首所画的远山，以水墨的晕染，营造出淡墨轻岚的意境，将远山若隐若现的悠远和层次感表现得极富情韵。这幅画源于现实中园林的实景，在整体意境和艺术境界上又高于园林实景，堪称清代画史上经典的园林山水画。

钱维城不仅作画，还奉命题诗《恭和御制游狮子林元韵》一首，再次详细叙述了自己游览苏州狮子林，绘制《狮子林全景图》的前后经过，其诗有曰："青山何偃蹇？有若中林士。怪底岩壑奇，屹焉入阛市。狻猊旧得名，擅胜良久矣。位置传云林，匠心技至此。畅以泼墨趣，浑然去雕饰。萧萧平林械，磊磊白石齿。当其天机幻，万里在一眂。顾此十筿地，巧作佳山水。结构将毋同，灌丛无虚掎。凿空幽以奇，拾级行且止。仿佛小有天，悬崖垂石髓。鹅溪一幅绢，如玉未镌毁。烟云渍旧痕，池亭俨余址。何幸登石渠，珍并琳琅紫？来游仰宸藻，历历标画旨。绘图勉承命，前师谢、倪子。"（清钱维城《鸣春小草》卷三）

钱维城作《狮子林全景图》，是乾隆皇帝第一次游览狮子林时的事情，这也开启了乾隆朝君臣共摹倪画《狮子林图》的风尚。直到十几年过后，乾隆皇帝打开钱维城的这幅画，在卷上题诗，对钱维城补全狮子林全景表示赞赏，也提到自己数次模仿倪画的事实，其御题诗曰："一角狮林壁未完，补成全景运毫端。为泉为石分明忆，若竹若松高下攒。倪氏岂知黄氏占？今图又作古图看。笑予几度亦吟仿，何似金刚四句观。"

乾隆三十一年（1766），乾隆皇帝又命另一位宫廷画家方琮仿照倪云林的画作，再临摹一张《狮子林图》。方琮，字黄山，一字友璜，号石颠，安徽歙县人。山水远宗黄公望，近师张宗苍，深得其传。他的山水作品普遍尺幅较大，深得乾隆皇帝的欣赏，其画作上时常有御笔题诗嘉赞他的画作，如《题方琮山水》有曰："画家笔法学宗苍，气韵居然合渺茫。小幅山川称游目，竟教难辨孰王羊。"《国朝院画录》记载，石渠宝笈著录方琮的作品多达四十八幅。

在临摹的画卷题跋中，方琮自己说是"奉旨敕摹倪瓒笔意"。既然是"摹笔意"，很显然，方琮的摹本并不是对倪画的"依样画葫芦"，而是对倪云林画作风神逸韵的步武和师法。这一点在乾隆皇帝为方琮画作的引首位置题词"法其逸趣"，就足以说明。乾隆皇帝在为方琮画作的题诗中，更是反复申述方琮临摹倪画是"取意"非"取貌"："丛篁磊石占高风，取意宁云取貌同？却想山房幽绝处，仿图今亦在其中。"（清弘历《题仿古卷六种·右方琮仿倪瓒狮子林图》）

方琮是一位善于学习的画家，对元代的黄公望、倪云林颇有心得。作为宫廷画师，方琮和钱维城都应该亲自寓目过内廷中珍藏的倪云林原画，在切磋研习中，自然能够充分领略前人的艺术精髓，故而能在临摹中真正做到"法其逸趣"。倪云林的《狮子林图》对方琮确实还是有较大的影响的，不

法其逸趣

清方琮《仿倪云林狮子林图》卷首乾隆帝题字及题诗

清方琮《岁寒吟兴》（台北故宫博物院藏）

仅在《仿倪云林狮子林图》中，而且在其存世的另一些山水画中，无论构图、笔墨、意境，依然可以分明感受到倪云林《狮子林图》的影响。与《狮子林图》摹本几乎是同时，他又创作了一组八帧山水画，其中有一幅《岁寒吟兴》，无论画作整体的气度和布局，还是笔墨技法，基本是对倪画《狮子林图》的师法，乾隆皇帝看过之后，不绝称赞，认为这样的画境，才是高人独坐的诗意栖居之地。在《题方琮山水八帧·岁寒吟兴》一诗中，乾隆帝这样写道："有松有竹有莓苔，独坐高人无客陪。拂纸拈毫犹懒下，吟情应是待梅开。"

此外，与钱维城并称的乾隆朝中的文学侍从董诰，不断恭和乾隆帝御制诗，写下诸如以下的诗作："疏林幽礓更清渠，宝绘赓吟五叠书。过眼云烟聊复尔，会心仁知恰开予。沧洲写妙庄临塞，古墅寻春江忆胥。唤起倪迂窥藻笔，始知真面印如如。"（清董诰《恭和御制题所仿倪瓒狮子林图五叠前韵元韵》）后来，乾隆皇帝在避暑山庄中建成文园狮子林，董诰遵照乾隆帝旨意，根据避暑山庄中狮子林的实景，又绘制了一幅《文园狮子林图》，虽然此图与倪云林原作并不完全相同，但整体的布局和构图，多少还可看到倪云林的影响，这是后话。

皇家复制狮子林

在第四次游览了狮子林之后，乾隆皇帝对狮子林的印象尤为深刻，喜爱之情难以抑制，于是脑海中冒出了把狮子林

"搬"到京城去的想法，便决定在圆明园的长春园中复制一座狮子林。

圆明园中的长春园狮子林始建于乾隆三十六年（1771），巧合的是，这一年也正是黄轩中状元的那一年。乾隆皇帝先谕告苏州织造舒文，命他把苏州狮子林的建筑、假山、池塘等，按照"五分一尺"（1∶20）的比例，制作成模型，送到京城。乾隆三十六年的宫廷《记事录》记载："据苏州织造舒文来文内开，本织造在泉林面奉谕旨：苏州狮子林房间、亭座、山石、河池全图，按五分一尺烫样送京呈览，连狮子林寺亦烫样在内，照样不可遗漏。钦此。今已烫得全图一分，敬谨送京恭缴等因。随即持进……（谕旨）俟要时将狮子林园亭烫样送进呈览，其狮子林寺烫样不必呈览。"（中国第一历史档案馆编《圆明园》，上海古籍出版社1991年版第1504页）

随后就按照苏州狮子林的模型开始在圆明园中复制。圆明园中的这座狮子林选址在长春园的东北角，西面是乾隆十二年（1747）建造的邻水院落——"丛芳榭"。经过一年多时间的营造，到次年的四月，长春园中狮子林落成。"修理长春园内丛芳榭，添建狮子林殿宇、楼、台、阁、游廊等项工程……实净销银十三万四千十三两五钱八分二厘。"（中国第一历史档案馆编《圆明园》第190页）新建成的长春园狮子林，与丛芳榭东西并列，四周建有围墙，保持园内景致相对独立而完整。

虽然乾隆皇帝对倪云林画中的狮子林"企慕"不已，并

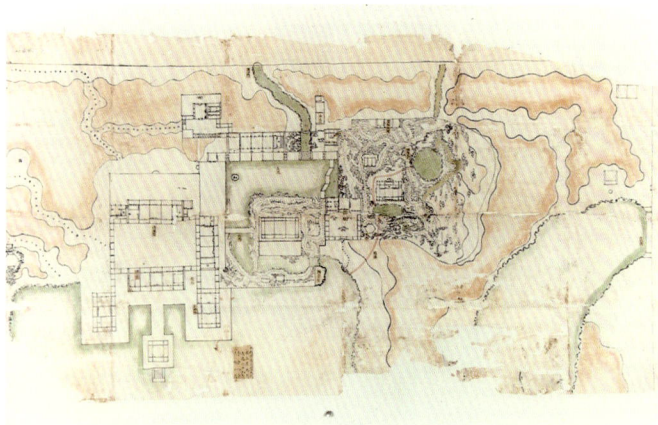

样式雷《长春园狮子林图》

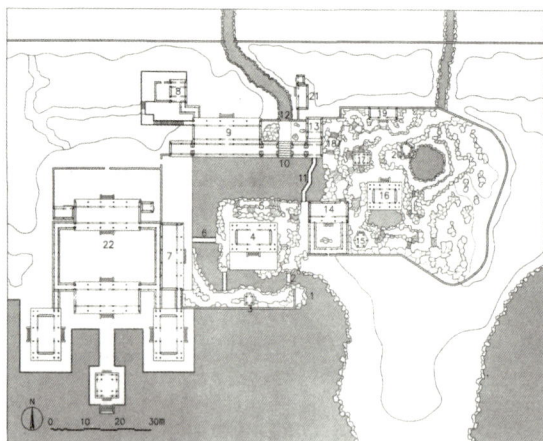

贾珺《长春园狮子林平面图》

多有题咏，但圆明园中新造的狮子林，是按照黄兴仁、黄轩涉园为蓝本建造的，而且园中堆叠假山的工匠也是特意从苏州延请到北京的。这在乾隆皇帝的《续题狮子林八景》的序言中讲得特别清楚。自苏州狮子林建成至今，"历岁四百余年，室主不知凡几更，而今又属黄氏矣"，元末明初的旧观难睹，"则今之亭台峰沼，但能同吴中之狮子林，而不能尽同迂翁之《狮子林图》，固其宜也。"（清弘历《续题狮子林八景序》）晚清时期样式雷绘制了一张长春园狮子林平面布局图，就图中所反映的情况来看，它的基本布局与苏州狮子林非常近似，难怪乾隆帝在题诗中要说"峰姿池影都无二"（清弘历《狮子林八景·狮子林》）。

清华大学建筑学院贾珺根据样式雷图绘制的《长春园狮子林平面图》被收录于其《长春园狮子林与苏州狮子林》一文（《建筑史》第26辑），图中更加清晰地用阿拉伯数字标注了乾隆帝题诗中涉及的园中诸景色，分别是1. 狮子林石匾；2. 入口水关；3. 占峰亭；4. 清淑斋；5. 磴道；6. 虹桥；7. 横碧轩；8. 探真书屋；9. 清闷阁；10. 过河厅；11. 藤架；12. 水关；13. 小香幢；14. 纳景堂；15. 缭青亭；16. 延景楼；17. 凝岚亭；18. 假山；19. 云林石室；20. 吐秀亭；21. 值房；22. 丛芳树。

园子造好以后，乾隆皇帝为园中诸景诗，先写了《狮子林八景》诗，诗作题咏的是园中狮子林、虹桥、假山、纳景堂、清闷阁、藤架、磴道、占峰亭等八景。在组诗的第一首

《狮子林》中，他就明确说明了为什么要在圆明园中新造狮子林，以及它与苏州狮子林的关系："最忆倪家狮子林，涉园黄氏幻为今。因教规写阅城趣，为便寻常御苑临。不可移来惟古树，遄由飞去是遐心。峰姿池影都无二，呼出艰逢懒攒吟。"组诗的最后一首在诗序中，则明言长春园狮子林的假山顶上有"占峰亭"一座，则完全是仿倪云林的笔意画境而设的，"峰顶一笠，清旷绝尘，元镇（按：倪瓒别字元镇）画往往如是，印证故在不即离间"。

不久之后，乾隆皇帝又题写了《续题狮子林八景》诗，描写的是园中的另外八个景点：清淑斋、小香幢、探真书屋、延景楼、画舫、云林石室、横碧轩、水门。在第一首题《清淑斋》诗中，就明言圆明园狮子林与苏州原版之间的艺术渊源："就树得佳阴，境原狮子林。假山亦嵒嶭，曲径致幽深。花色淑非艳，溪声清以沉。如云晤倪老，恐未契高襟。"今苏州狮子林中存有一块乾隆御帝书题咏长春园水门的诗碑，也算是两座狮子林因缘的见证吧。

乾隆皇帝前后两次题咏，确立了圆明园中"狮子林十六景"的名目。其中横碧轩、清淑斋、纳景堂、延景楼、云林石室、小香幢、清闷阁、探真书屋、占峰亭等九景，乾隆皇帝亲自御书匾额，此外还题写了缭青亭、凝岚亭、吐秀亭、枕烟亭四座亭子的匾额，共计十三块。乾隆皇帝谕旨，将其御笔题词的十三块匾额，做成"玉粉油蓝字"，十月份完成匾额的制作，悬挂在园中。

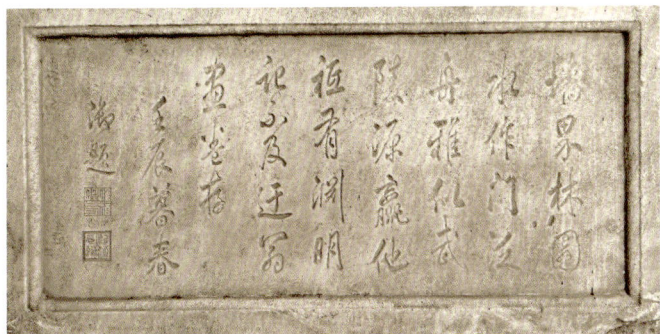

壬辰年（1772）乾隆皇帝御书《水门》诗碑复制件，北京圆明园管理处捐赠苏州狮子林管理处

道光八年（1828），朝廷完成了长春园狮子林的修葺工作，十二月十二日，清宗室大臣耆英在完成项目竣工查验后，向朝廷上奏折曰："长春园狮子林殿宇、楼座房间共计八十三间，内添盖五间，拆盖二间，拨正十一间，揭宜六十五间；游廊六十九间，内拆盖二十六间，揭宽四十三间；亭子五座，内拆盖三座，拨正一座，揭宜一座；并拆修藤萝游廊五间，添修拆修灰棚十一间，拆修板凳桥一座……"（道光八年十二月十二日《耆英等遵旨查验覆奏折》，中国第一历史档案馆编《圆明园》第505页）随后，道光皇帝重新为长春园狮子林题写了"十六景"：层楼、曲榭、花坞、竹亭、萝洞、水门、苔阶、莎径、崖磴、溪桥、云窦、烟岚、叠石、流泉、长松、古柳，虽然与乾隆皇帝所题"十六景"有较大差异，但是园子的基本格局和景点与乾隆时相差不多。

咸丰十年（1860），英法联军攻入北京，纵火焚毁了圆明园，长春园狮子林也未能幸免，最终付之一炬。兵燹劫余，长春园狮子林遗址唯有孑存的"狮子林""虹桥""水门"石匾、诗刻等遗物。两年之后，北京诗人胡俊章来到长春园狮子林废墟，不胜感慨，写下了一首《无题》诗曰："秋风凌古渡，夕日下荒基。铜雀久飞去，君王安再来？至今松柏语，犹杂管弦哀。鸣咽漳河水，东流无从回。"

长春园狮子林是按照黄氏涉园的现状仿造的，乾隆皇帝始终有些不满足。出于对倪云林《狮子林图》的痴迷，他觉得，还是应该按照倪云林的原画仿造一座狮子林。乾隆皇帝

圆明园长春园狮子林水关石刻"狮子林"拓片

的这份心思，曾在它的诗序中明确表达过："向爱倪瓒《狮子林图》，南巡时，携卷再至其地，摹迹题诗。昨于长春园东北隙地，规仿为之，即仍'狮林'之名。初得景八，续得景亦如之，皆系以句。然其亭台峰沼，但能同吴中之狮子林，而不能尽同迂翁之《狮子林图》。兹于避暑山庄清舒山馆之前，度地复规仿之，其景一如御园之名，则又同御园之狮子林，而非吴中之狮子林。且塞苑山水，天然因势以位置，并有非御园所能同者。若一经数典，则仍不外云林数尺卷中，所谓'言同不可'，何况云异如此？则二亦非多，一亦非少。不必存分别。见懒道人画禅三昧，或当如是耳。"（清弘历《题文园狮子林十六景》序）

　　于是，在圆明园狮子林建好两年之后，也就是乾隆三十九年（1774），乾隆帝决定在于承德避暑山庄的清舒山馆之前，再次仿建一座狮子林。经过一段时间的营造，新园"既落成，名之曰文园"，亦称之为"文园狮子林"。从乾隆帝存世的文字中可以很明显地感受到，他对避暑山庄中的文园狮子林更为钟情，诚如他在时序中所说，文园地处"塞苑"，"山水天然，因其势以位置，并有非御园所能同者"，"或有以同不同为叩者，惟举倪迂画卷示之"（清弘历《题文园狮子林十六景》序）。

　　在文园狮子林落成之后，乾隆帝又掀起了一股诗歌题咏、书画传驻尺素的风雅热潮。他自己身先士卒，垂范群臣，摹挥翰题咏，"仍随景纪以诗"，创作了《题文园狮子林十六景》等

承德避暑山庄文园狮子林实测平面图

清董诰《文园狮子林园图》（故宫博物院藏）

系列组诗。在《假山》诗中，他对园中假山与塞外真山真水相得益彰、相映成趣，颇为得意，在诗中不免流露出自得之意："塞外富真山，何来斯有假？物必有对待，斯亦宁可舍？窈窕致径曲，刻峭成峰雅。倪乎抑黄乎？妙处都与写。若顾西岭言，似兹秀者寡。"在诗歌的开端，乾隆帝就提出了一个问题，既然避暑山庄有真山真水，何必再要营造假山？但这首诗似乎没有给出明确答案，但在另一组《题文园狮子林十六景》的《假山》诗中，乾隆帝就说得特别明确，那是因为自己喜欢黄氏涉园中的层层叠叠的假山，其中有谓："山庄之内多真山，而何堆石肖其假，求真不足假奚为，徒以涉园有此也。"到诗歌结尾，他还是落脚在倪云林身上，说："散步其间论名实，每以非真面微赭。寻思自解曰无妨，此是懒瓒教我者。"

在乾隆帝题咏的诸诗中，有一首诗特别值得注意，诗题曰《热河文园狮子林成，因再仿倪瓒狮子林图，贮清閟阁中，并叠御园仿狮子林图韵》。且从诗题中就透露了这样一个重要信息：文园狮子林落成后，乾隆皇帝又一次仿画了倪云林《狮子林图》。据此可知，除了留在苏州狮子林的一幅御笔仿画，在御园（圆明园）和避暑山庄中都藏有御笔的仿作。

文园狮子林中倪云林的元素尤为突出，这在苏州狮子林中的造景设境中并不显著。特别值得注意的是设置了云林石室、清閟阁，他在《题文园狮子林十六景·清閟阁》中这样写道："高阁倪家宛在此，既清且閟远尘喧。何须更展迂翁画？乔树苍山古法存。"而且，文园狮子林和长春园狮子林的清闷阁也都成为乾隆皇帝历代书画藏品的保存之处，他常用的收藏印章中就有"文园狮子林宝""师子林""云林清闷"等。

皇帝的喜好和引领，自然上行而下效之。这次的君臣唱和绝不逊色于前一次长春园狮子林落成之后的盛况，上次的参与者几乎无一缺席。应制之作，上佳作品不多，兹举法式善《恭和御制文园狮子林元韵》为例，以示一时之盛，其诗曰："蓬莱蹊径仿迂倪，画卷因缘试与稽。雨润书堂征肃若，风清琴殿奏薰兮。禽鱼已久承天眷，草木应多入御题。非是摛华恰景物，乾乾圣敬日同跻。"宫廷画家董诰的一幅《文园狮子林图》，不但真实地再现了文园狮子林的全貌，也成为这次君臣风雅聚会的形象写照。

以狮子林为蓝本的园林（附论）

苏州狮子林很快成为享誉海内外的古典名园，与乾隆皇帝的情有独钟，有着密不可分的联系。皇家大张旗鼓地在京城和承德复制狮子林，再加上群臣的诗文唱和、书画题跋，使得天下人皆无比神往苏州狮子林。许多文人墨客纷纷到访苏州狮子林，或题诗，或作画，诗歌作品在《师子林纪胜续集》中多有载录，此处不再赘引。乾隆以来，画狮子林的画家除了钱维城、方琮、董诰等宫廷画家外，钱维城门下士苏州人张东畲也曾摹画过《狮子林图》（详见前"清初狮林诗画创作的层累"）。

清弘历《仿倪云林狮子林图》上
"文园师子林宝"

明杜琼《狮林图》上"师子林""云林清閟"

乾嘉时期，狮子林可谓盛极一时，而世间万物盛极而衰，几乎是一个普遍的规律。咸丰六年（1856）三月初一，郭嵩焘来苏州游览狮子林，在日记中有这样的描写："石林二座，一置平地，一置水中。丁未冬游此，两山皆完善，今水林倾塌过半矣，陆林犹如旧。叠石成围，中构一亭。石林中分上下两层，盘旋转折，忽深入洞底，忽高跻林杪，或开一门，或架一桥，无不入妙。每至隘处，常别通一径，以便行者之相避，四路出入，不相妨也。然每入一游，必曲折穷林之境而后出，不能中止。四隅高处，各置一亭，而恰不板滞。立石或尖或圆，或巨或细，皆布列有致。俗传七十二峰、二十四桥，虽未能如许之多，而方广逾亩，随意转变，实一奇也。"园中的"水林"已经"倾塌过半"。

四年之后，咸丰十年（1860）夏初，太平军东征苏南，战争的兵燹使得苏州城内城外的民宅破坏严重，更加速了狮子林的颓败荒芜。清末长期担任长洲、元和、吴县知县的李超琼，其诗作多有反映，如《重九后二日，偶过黄氏废园，便入一眺，俗所谓"狮子林"者也，极目荒芜，慨然有作》，其中有谓："荒原秋草如黄芦，入门四顾迷径途。群儿争路作前导，下缘滑磴为南趋。穿碑三丈兀中立，苍苔翠藓生龟趺。龙章尚焕云日表，亭柱倾仆无人扶。西行所见皆瓦砾，曲池北转廊回纡。纵横畦菜杂方础，为思陈迹增踟蹰……飘风掠耳电过眼，人物并尽余榛芜。惟留石皋在东圃，层叠巧构传倪迂。……奇形百变出鬼斧，惜哉渐圯丛蒿莱。桑田沧海仅弹指,何况此石真区区。五松之名昔已殊,云林手迹尤多诬。王孙零落依败堵,堂前燕子今有无。"

清末冯应图的《拙政园山茶花用吴梅村原韵》诗中就写到战争对狮子林的重创,其中有曰:"我闻狮林假山石,天阴雨湿腥且殷(自注有曰:"贼匪假山洞中多被搠死")。洞中野花亦间发,根株渍血常斑斑。"好在此前不久,咸丰七年冬天,狮林寺方丈映月法师委托徐立方把明代僧人道恂法师编纂的《师子林纪胜集》钞本校正刊刻。又把之后,特别是清代以来的"御制诗章、扁额","并裒集碑记及已往名家题咏,为《续集》四卷"(清徐立方《师子林纪胜续集》序),与《师子林纪胜集》一并刊刻,使得今天依然能够清晰完整地了解狮子林的基本脉络。

然而,令人瞩目的是,就在苏州狮子林逐渐荒败的时候,不少地方的士绅、商贾,开始纷纷效仿昔日皇家的做法,以苏州狮子林为蓝本,把自己的宅院打造成极具江南韵味的私家园林,其中最负盛名的当数南京的"愚园"和澳门的"卢园"。这足以说明狮子林影响之深远,而这些近代园林的仿照,又更进一步地扩大了苏州狮子林的影响。

愚园是晚清、近代时期南京规模最大、最负盛名的古典私家园林,林亭山水甲金陵,且一时政要、文人,若李鸿章、张之洞、端方、沈葆桢、刘铭传、吴引孙、冯煦、俞樾、薛时雨、莫友芝、赵烈文、缪荃孙、张裕钊、陈三立、汪士铎、陈作霖、孙文川等,都曾为愚园题写过诗词文赋或是匾额楹联,或徜徉流连于此，雅集诗咏。

愚园的主人胡恩燮（1824—1892），字煦斋，晚年号愚园老人，祖籍安徽歙县。早在道光五年（1825），胡恩燮就随父辈移家金陵，遂为南京人。多年来，他一直为各地候补官员。同治十三年（1874），他为了奉养老母，放弃仕途追求，从苏州回南京归隐。回到南京后，购得明朝开国元勋徐达的西园旧址，开始着手营造私家园林。光绪四年（1878），胡氏的园林建成，命名为愚园，因其布局、造景皆酷似狮子林，故而有"金陵狮子林"之称。园子规模宏大，景点众多，中建有"愚园三十六景"：清远堂、春晖堂、水石居、无隐精舍、分荫轩、松颜馆、青山伴读之楼、觅句廊、依琴拜石之斋、镜里芙蓉、寄安、城市山林、集韵轩、延青阁、容安小舍、秋水兼葭馆、栖云阁、春睡轩、柳岸波光、课耕草堂、啸台、养俟山庄、在水一方、漱玉、小沧浪、竹坞、小山佳处、岸窝、憩亭、牧亭、西圃、梅崦、愚湖、鹿坪、界花桥、渡鹤桥。

胡恩燮去世后，愚园为其嗣子胡光国继承。胡光国在维护、经营好愚园的同时，还把胡恩燮和同时官员、名人题咏愚园的诗文作品、书信碑刻悉数收罗，编成《白下愚园集》《愚园诗话》《愚园丛札》等十余种专集。这样为一座园林编纂大型文献集成，在中国园林史上实属罕见。2015年，南京出版社以《南京愚园文献十一种》为名，将胡光国辑录的这些文献汇集在一起出版。书中有很多文献都明确说到愚园对狮子林的仿效。苏州人亢树楠在《愚园记》中就有谓："余小子乃避席而起曰：'夫自古才智高尚之士，不得志于时，往往放情泉石，寄迹园林，以乐其天，而发抒其块垒奇杰之气，如苏子美、倪云林辈，莫不皆然。迄今千百年，过其地，犹流连思慕，想见其为人。今是园也，亭台幽雅，沧浪之概胜也；水石清奇，云林遗意也……'"兹再举两例如下：

庭中植桂四、五株，杂艺鸡冠、老少年之属，馥烈从风，陆离渲雨，深秋送凉，香色四溢。庭左数十步为春晖堂，其后莳鼠姑花数种，其前甃石为池，荇藻漾碧，水清见底。池侧有小阁，洼然居累石中，两旁皆假山，崎岈嵌崎，历落万状。阁左出，乃达于堂，循假山而西，磴道盘折而跻于巅，孤亭耸峙，若飞鸟之将翔，以机引曲池水为瀑布，返泻于池，铮铮声若琴。筑其东，仿倪高士狮子林，叠石空洞，曲道宛转，忽升以高，忽降以下，迳若咫尺而不可以跨越，游者眙眩几迷。出路与西山相对，待皆可以来会于堂下。斯堂轩豁洞敞，列屋延袤，为一园之胜，署曰清远堂，张子青中丞所书，其楹帖则吾师全椒薛先生撰也，壁间榜时人题咏皆满。入其右，为水石居，前临清塘，大可数亩。芙蕖作花，疏密间杂，红房坠粉，掩映翠盖。长夏，南窗毕启，薰风徐来，荷香暗袭，时有潜鱼跃波，翠禽翔集，倚槛披襟，溽暑荡涤。塘泛瓜皮小艇，可容两三人，弄棹于藕花深处，新月在天，水光上浮，丝管竞作，激越音流，栖禽惊飞，咭咭格格，与竹肉之声相和。堂之左，连闼洞房，为主人操琴之所，素心人来时作一弄。其上有阁，可以望假山，启后户，曲径如羊肠，缭以疏篱，竹树蒙密，中为竹坞。轩窗四辟，罥以碧纱，绿阴昼静，当暑萧爽。（清邓嘉缉《愚园记》）

园中以水石胜，来游者多以登临为乐，谓不减吴中狮子林也。温明叔宫保葆深诗云："石窦几如相见湾，花光潭影缀其间。画图欲仿倪迂叟，诗句先传顾玉山。露点染衣和月坐，湿痕留壁待云还。吴中狮子林无恙，常带青苔翠藓斑。"陈伯岩吏部三立诗云："城中佳胜眼为疲，聊觉愚园水石奇。碧蕊紫蕚春自暖，叠岩复径客何之。闲闲簪履相娱地，历历乾嘉最胜时。残月栖楹鱼影乱，真成醉倒习家池。"（清胡光国《愚园诗话》卷二）

1937年，全面抗战爆发之前，著名学者童寯在其名作《江南园林志》中数次提及南京的愚园，在《现况》篇中说道："愚园……清同治后，南京新起园林，今犹存数家，以愚园为最著，即胡园也。园本明徐氏西园故址，后归为吴氏。清光绪初年，胡煦斋就地之高下，置亭馆数十所。园在凤凰台花露岗东南。南有大池，周以竹树，北部叠石为山，嵌空玲

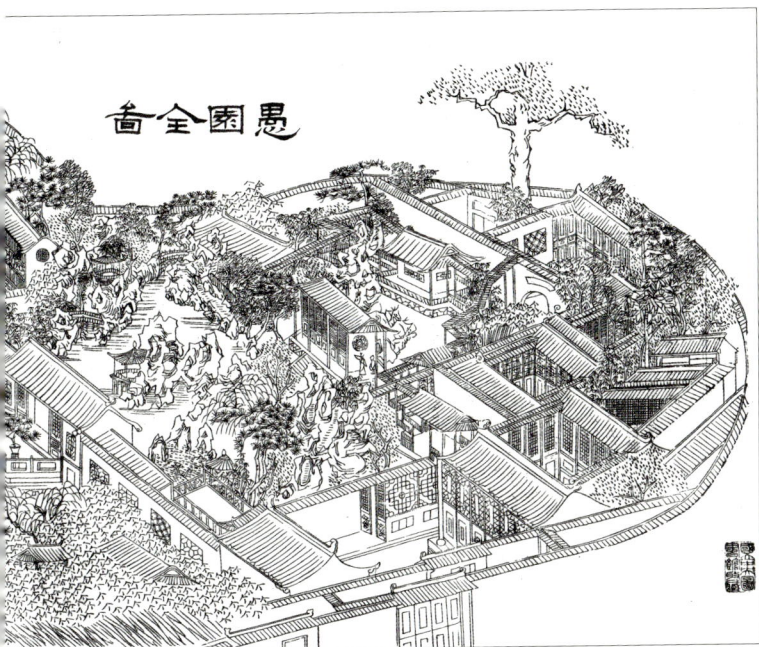

《愚园全图》（《白下愚园集》卷首插图）

1.主要入口
2.月洞门
3.洗手间
4.观音
5.挹翠亭
6.奕濠浮雕池
7.春草堂
8.奕趣亭
9.九曲桥
10.碧香亭
11.玲珑山
12.狮子林
13.仙掌石
14.睡莲石
15.人寿亭
16.狮子望水
17.梅花山
18.三支笔
19.瓶门
20.梅亭
21.百步廊
22.养心堂
23.公园处办公室
24.澳门茶文化馆

卢园全景平面图

珑，回环曲折，颇见经营之妙。然久失修葺，叠石虽存，已危不可登。"

澳门的卢园，又是一座仿苏州狮子林而造的古典私家园林。卢园，又称为卢廉若公园、卢九花园，以十九世纪华人富商卢华绍之长子卢廉若命名；又因卢华绍小名卢耉（粤音"九"），人称卢九，故园又俗称卢九花园。

同治九年（1870），卢华绍购得龙田村农田菜地的低洼泥泞地块，便开始着手建造私人花园。造园之时，卢园便学习了以狮子林为代表的苏州园林的营造艺术，为此，卢廉若特意聘请了苏州的香山帮匠人刘吉六设计花园。园子始建于1904年，初名"娱园"，直到1925年方才正式建成。卢廉若的三弟卢怡若曾跟随孙中山先生，投身革命，1912年，卢氏兄弟在园中的水榭"春草堂"曾接待过孙中山先生。

卢园以水池为中心，环绕水池营建主要的建筑和景点，除了水池显要位置的水榭"春草堂"之外，还有不少景点，其中尤其值得注意的是"狮子林"和"狮子望水"，体现出卢园和苏州狮子林的渊源。园中的假山堆成奇峰怪石，峥嵘百态，体现石景堆砌排列追求以"瘦、漏、透、皱"，追求苏州狮子林的形态。这样的假山堆叠艺术，得到过民国初年广东著名文人汪兆镛的赞誉，他有一首《咏娱园》专门咏赞卢园中的假山，诗曰："竹石清幽曲径通，名园不数小玲珑。荷花风露梅花雪，浅醉时来一倚筇。"

2023年6月，苏州狮子林与澳门卢廉若公园缔结为"姊妹园"，标志着苏州狮子林与澳门卢廉若公园开启缔结连心、紧密合作的序幕，两园也成为苏州与澳门之间的文化纽带和沟通桥梁。

狮子林在海外的影响也非常深远，在日本国立国会图书馆中就藏有一幅《姑苏名园狮子林》，画上有皆园小泽圭的题跋："皇明治十五年壬午购得。"由此可以推断，在中国清末（日本明治时期），狮子林的名声早已传到日本，日本人也在仿画倪云林的《狮子林图》。狮子林在日本的影响，是否与明末清初中国高僧隐元禅师东渡日本，传播佛教黄檗宗，在普门寺建有小园，题写"狮林"匾额有关，因资料之缺，不敢遽论。

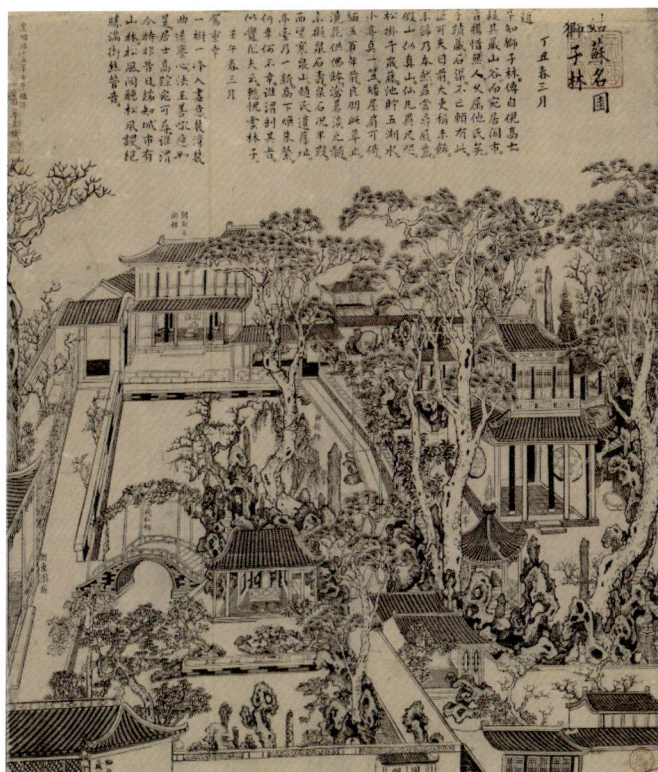

日本版画《姑苏名园狮子林》（日本国立国会图书馆藏）

太平天国时期的战火，使得苏州很多园林逐渐废弃荒芜，狮子林也不能幸免。即便是荒败状态中的狮子林，也自有其独特的艺术魅力，尤其是狮子林的假山，还是受到多数人的赞赏。光绪初年，扬州画家汪鋆所画的《狮子林图》，就很好地说明了这一问题。

汪鋆（1816—1886后），字研山，"其先世本新安望族"，后"占籍扬州"，遂为江苏仪征人。擅诗文，精通金石，工于山水、花卉。著有《十二研斋诗录》《十二研斋文录》《十二研斋金石过眼录》《扬州画苑录》等。台北联经出版事业公司1976年出版的《明清未刊稿汇编》丛书中收录了汪鋆的《砚山丛稿》，其中有他本人的日记，较为详细地反映了他一生的行迹，下引逐条日记，即出自《砚山丛稿》。就其日记来看，汪鋆最起码两次画过狮子林。在《淮行日记》中，汪鋆写到自

己临摹王石谷《狮子林图》的事实，光绪四年戊寅（1878），
"（夏七月）廿五日，代叶粟庵画，适丽文兄以石谷狮子林图
卷帖观，因仿用笔，写得一条，又为黄岘亭画小册页一方"。
还有一次是在光绪七年春天，其《客踪日记》记载，这年的二
月二十五日，他和好友李维之在镇江焦山会合出发，同游江
南，沿途游览了丹徒、丹阳、常州、苏州、吴江、嘉兴、石门、
杭州，回程的时候特意到常熟，作有追怀王翚（号耕烟散人）
的诗《虞山怀王耕烟》。汪鋆根据沿途所见所闻，绘制了《江
浙纪游图》册页（南京博物院藏），册页卷后有跋曰："光绪
辛巳春二月，维之李君招同游，凡舟展所及者得十二景，都为
一册，以纪岁时。汪鋆记，时年六六。"在这组册页中，就有
两幅作品是表现苏州园林的，分别是《狮子林图》和《拙政
园图》。汪鋆笔下的狮子林，并不是全景，而是把笔墨的重
点放在狮子林中的太湖石假山，这一点在题诗中也表现得很
明显。画上的题诗曰："奇想发奇踪，幻奇招级拾。周旋下上
间，才出又复入。直似蚁沿磨，又如珠穿曲。只能答以声，未
容并以足。分明对我来，倏仍背而走。岂悟道高深，瞻前忽焉
后。"群山环绕中，有一座屋舍和两棵松树，具有一定的写实
性，这在一定程度上也反映了清末光绪年间苏州狮子林的真
实面貌。

　　晚清在苏州担任江苏巡抚的陈夔龙，面对狮子林的荒
芜，内心既有怆然遗憾之意，但更有对狮子林假山、池沼美
好的回忆和赞赏。陈夔龙曾于光绪三十三年丁未（1907）春

清汪鋆《江浙经游图·狮子林图》（南京博物院藏）

清陈夔龙《水流云在轩图记》卷上《狮林拜石》

节亲眼看见狮子林的荒废之状态，在其所著《水流云在轩图记》卷上记载道："丁未新岁，多暇，撰杖往游，则见台榭荒颓，岩石欹仆。询之故老，叹非旧观。案地为歙邑黄殿撰故宅，中遭兵燹，百一匪存。灵光过鲁恭之殿，乌衣问王谢之堂，宜其为骚人所怅触矣。西经池沼，危亭岿然，所存者，太湖诸石，具玲珑透绉之观耳。余因纪以诗云：'独客春游倦，来观狮子林。半池新雨足，一径白云深。石瘦峰犹古，松寒鹤在阴。先皇临幸日，胜景不堪寻。佛力虽呵护，沧桑阅岁华。错疑高士宅，零落状元家。地僻园无主，天低树噪鸦。一般真趣少，烟锁御碑斜。'其荒废可思也。"然而在书中的插图中，狮子林的假山、池沼依然是遗构尚存。

贝氏家族的修葺改造

二十世纪初，曾经风光无限，拥有狮子林一百七十多年的黄氏家族，至此也无力完成耗资巨大的狮子林修葺工程。到了民国初年，狮子林只得又一次易主。对这一段历史，玉壶在《吴船集·狮子石语》中记载得甚为清晰："晚近黄裔陵替，兴修无赀。民国初元，遂归上海李平泉居士，嗣又为里中富贾贝润生所得。始并拓邻地，易筑为家祠，且于池旁添建一石舫，楼台金碧，气象豪华，仅旧峰二三，犹似曾相识，为诵香山'园林亦要闲置'句，又岂惟故园乔木，有沧桑之感已哉？"

1912年，黄氏家属将狮子林出售，时任上海民政总长的李钟钰（字平书）出款十万元购得狮子林，尚未及修缮，因反对袁世凯，被迫流亡日本。民国六年（1917）染料巨贾、曾任上海总商会协理和全国商业联合会副会长的苏州人贝仁元（字润生）以九千九百银元从李钟钰手中购得狮子林，而园中仅余一堆假山、曲桥、水边一座残破屋宇及乾隆御碑、"真趣"匾额等。这一过程的详细情景，在贝仁元所作的《重修狮子林记》一文中说得极为清楚："戊午之岁，因事旋里，时固有建祠之议，胥宇度地，辄以询诸邑人，而旧家宅第，与夫荒墟故址，足以当我意而适于用者，殊不数觏。或有以师林告，曰是休宁黄氏之废园也，久而莫能售，迨至民元，始归玉峰李氏，拟修葺而未果，今待价可沽焉。仁元心识之，未几晤李，举以询，慨然允诺。"

贝仁元在此佛门福地另立祠堂，以宗族生养之恩，延请在天官坊陆家寄寓的画家刘照（字临川）主持修园并重绘狮子林图，又购园东宅地增建祠堂、义庄、住宅、燕誉堂、小方厅、族校等建筑，开大门于园东，东侧从照壁起共有四进，前为祠堂，高敞华贵，后三进为住宅，有西洋装饰（今苏州民俗博物馆），形成了如今"东轴—西环"的空间形态及"前祠—后宅—西园"的功能布局。刘照在园西新筑土石假山，并构一人工飞瀑以恢复水源；园东南叠一黄石假山，形似水门，名为"小赤壁"；荷花厅西建一小假山，山中小道连通新建的曲折桥，与园西假山相连。全园假山贯通后，山上补植白皮松若干，一改明清时期以水绕山的格局，而似中国名山大川西高东低之走势，园中水流自西北向东南流淌，又在修竹阁处回环，形成了以山环水的山水格局。

贝氏义庄名为"承训义庄"，其意为承母亲的遗训。1935年，贝仁元捐十万银元作义庄基金，另有一千四百多亩田产，以供义庄的开销用度。现狮子林铁门北，沿围墙六十八米处，有一界石，上依然刻有"承训义庄"四字。贝氏族校位于今狮子林管理处办公室的位置，现在铁门上方依然有"读书便佳"的匾额。现在狮子林景区入口处的天井、"云林逸韵"大堂及苏州民俗博物馆，即为贝氏祠堂所在的位置。

陆企霄先生的姑母是贝仁元次子贝星楼的妻子，其父陆正元（字冠曾）曾代为贝氏修园，对其中的来龙去脉较为了解，因而他的《刘临川与狮子林》一文，叙述详细，有较高的参考价值，引录其中重要的一段如下："刘临川虽是画家，但极精于天干地支及阴阳五行学说，深谙堪舆之道，认为狮子林原系佛门善地，建祠以祈祷福寿为本，园景应取'从善纳福'之意。因而以'纳福'作为修园主题，在入祠门的匾上镌'福'字，与入园门额'趣'字相呼应。园内向西扩充水面和山体，山映湖中，更有空间感，架曲桥将假山连通。又在假山洞中凿鱼池使之分隔为二，寓意为'二龙取水'，以使风水得以'贯气'，强调园主的福气。根据刘临川的设想，这座以'福'为主题的园林平面布局以一条直线和一条环曲线构成，东侧是南北向的轴线，从照壁起共有四进，建筑规整，雍

狮子林西洋风格的"读书便佳"门楼

刘照《狮子林图》（苏州市狮子林管理处藏）

容华贵，是贝氏祠堂和部分住宅。西侧是山水园，由一条曲廊把厅、堂、楼、阁、亭等串联起来，形成一个封闭的环，环中围绕假山和池水，是风景绝佳的山水园。刘在为贝家重修狮子林时，又增添了一些内容，丰富了假山的景观，如九狮峰，作为一座大型太湖石叠峰，在似与不似之间仿佛有九头狮子相嬉，既富有情趣，又符'牛吃蟹'，在庭院的另一面，则有一头惟妙惟肖的太湖石狮子，正回头看牛怎么吃'蟹'，既出自天然，又颇具匠心，使人看后情趣盎然。"

此外，在园子的西北部，另辟一小院，名为"古五松园"。园西堆土山，上筑人工瀑布，并建听涛亭。园四周环以长廊。廊墙上置听雨楼藏帖、乾隆御碑、文天祥诗碑等碑刻七十一块。

因贝氏的增建，狮子林的面积虽扩大至约十六亩，但园南、东、北的密度都有增加，建筑尺度欠酌，园中空间进一步压缩，人在平地游园时再也无法感受到"平远"的传统意象，不免感到有些逼仄。为了解决这个问题，刘照高筑院墙并构建了一条立体的环园路径——南部和北部高低起伏的游廊、与假山融合的二层建筑及西部假山平台，这条"空中"廊道让人得以从不同角度俯瞰池中假山，使狮子林假山不仅在平面关系上，更在人的视觉心理中成了一个中心，消除了"迷失山林"的恐惧之感。相对钱维城《狮子林全景图》中杂糅的诸景片段，刘照所绘的狮子林更加立体化，画家与读画者仿佛站在高处俯瞰全园，画面传递着准确的空间信息而不再致力于制造错觉，由此产生了一种"全景式"的欣赏方式与对"复杂"的直观掌控，映照着这一时期逐渐流行的"高耸"的现代文化意象，进而在营造"迷失"与"掌控"间，让游人获得一种对撞情绪。

贝氏修葺改造之后的狮子林，融入了许多现代物质文化的新鲜事物，也在内部装饰中照顾到了现代生活所必需的水电配置、管道安装、水箱建造，还在建筑材料中使用了"水门汀"（今称"水泥"）、钢筋、进口的彩色玻璃、铁艺花窗等。《陆企霄忆狮子林》对此有详细的记载："刘照年老时病休，修缮工程非他时刻指点才行，故常有误工。潘只得招来佃户石工。郁二、郁五二个作头长期在陆家做工，狮林工程充当主力。陆家上海（协和公房产公司，贝氏有股份）账房土木工程师陈德禄，管道技术员贾某带队，派出苏州缺少的钢筋工、混凝土工、柏油水磨石工、木模工、玻璃工、管道工、电工等（均为公司月资工，基本上不向工程上支工资）。完成狮子林园中混凝土舫、桥、水箱、花架、漏窗等，以及房屋水电配置。"（《狮子林志》附录）对于狮子林中出现的这些新鲜事物，都曾引起过争议。对于古典园林中运用现代建筑材料，这本无可厚非，更不必大惊小怪，这是时代发展的必然，我们不妨理解为现代文明和科技、社会进步在古典园林中留下的时代层累和印记。我们可以对拙政园西部补园主人张氏使用进口彩色玻璃大加赞赏，何必对狮子林同样的做法如此苛责呢？二十世纪四十年代美国人包爱兰（Florence Lee Powell，

1897—1999）就拍摄了许多狮子林的铁艺花窗，并作为插图用在其所著的《中国园林揽胜：留园与狮子林》（*In The Chinese Garden*，1943年初版）一书中。二十世纪五十年代，江苏省文物管理委员会编写的《花窗》一书（建筑工程出版社1959年版），对狮子林中的铁艺就不吝赞赏之词。

抗日战争全面爆发之前，著名建筑学家童寯先生遍访江南园林，以其多年实地考察和研究心得，完成了园林研究名著《江南园林志》。书中对当时狮子林的现状作过清晰而专业的记载和评价，书中说道："狮林亭台久废，叠山虽存，亦残缺垂危。后归李氏，近属贝氏。除大部假山外，殆皆新建。不特证之倪图，景物全非，即徐贲图中，亦仅一二相似而已。……园外即祠堂住宅，并附有学校。"（童寯《江南园林志·现况》）舞榭歌台，风流总被雨打风吹去，再加上兵燹的洗劫，多少旧时的名园成为废墟，鞠为茂草。明末苏州名园，王心一的"归园田居"，"已荡然无一物矣"。即便若拙政园，与文徵明所绘《拙政园三十一景图》中的旧貌、旧观，又有几分相似？但在童寯先生看来，只要其"旧制尚不尽失"，大体"犹未多乖"，便是幸事矣。这是童寯先生对拙政园当时状况的记载、评价和理解。童寯先生也是带着这样的观念和态度，来看狮子林的古今变化的，因而他的观点非常通达，并不像有些学者执拗地拘泥、纠缠于细节。在《江南园林志》的《假山》一篇中，童寯先生有谓："元末僧维则叠石吴中，盘环曲折，登降不遑，丘壑宛转，迷似回文，迄今为大规模假山之仅存者，即狮子林也。"这是狮子林在中国存世古典园林中最为重要的特色和艺术价值之所在！虽然经历了数百年的岁月沧桑和陵谷变迁，但狮子林的假山，还是有旧时模样的，"苏州有狮子林，狮子林叠石，历兵火而犹存"（《江南园林志·沿革》）；"斯园主体，全在叠山，堆凿鬼工，湖石奇绝，盘据蜿蜒，占全园之半。"（《江南园林志·现况》）因而就这个意义上来说，狮子林自天如禅师在园中堆叠假山群峰，营造"城市山林"的文化内涵，并没有因为历史的迁逝而被湮灭。

　　1926年底，贝氏狮子林修葺一新，最终完工，前后共耗费八十万银元。为庆祝修葺工程的顺利竣工，书法家伊立勋（1856—1940）为新修葺的狮子林题写匾额"立雪"，今天狮子林立雪堂的匾额就是他所书写的隶书，匾上有一段长跋，题跋中对贝氏重修的情况也有一定的叙述和交代："斯园旧有立雪堂，其命名之义，是否采游、杨故事，未可臆测。自经旷废，其中楼台亭馆，俱为蔓草荒烟，基础无存，难寻旧址矣。今狮林主人重加修葺。凡旧时建筑，如：真趣厅、卧云室、指柏轩、问梅阁诸胜，既次第修复。更于东南隅卜筑数楹，署曰立雪，虽栋宇维新，而名称循旧。园中胜迹，靡不废而复兴，后之游览者，当勿生今昔之感欤！丙寅孟冬之月中浣，署额既竟，并识数语云。汀州峻斋伊立勋，时年七十有一。"

　　按照贝仁元原先的计划，狮子林准备对外开放，因故未能如愿。抗日战争全面爆发后，1941年至1943年间，狮子林的寺、园合并，一度被汪伪江苏省政府占用，作为"贵宾官舍"。

狮子林立雪堂

汪伪特务机构还曾在狮子林的暗道中关押过抗日志士。抗日战争胜利后，国民政府在狮子林园内的荷花厅举行了部分驻苏日军的投降仪式，《苏报》1945年10月27日有报道。1945年，园主人贝仁元因病去世，由其孙贝焕章接任管理。1948年，河南农业大学曾一度借用狮子林办学。

1953年，苏州市文管会接管了贝氏家祠以北的住宅区。同年稍后，苏州市文管会的谢孝思通过贝氏管家劳克明、贝氏亲戚贝祖武，联系上了身居上海的贝焕章，贝氏族人决定将狮子林献给苏州市人民政府。

光影留真狮子林

长期的商海打拼和与洋行的交往，使得经商出身的贝仁元和整个贝氏家族与过去传统世家的保守、封闭有着较大的区别。狮子林虽然是私家园林，但贝仁元原计划在修葺完成后，对社会公众开放，后因故未能如愿。但是，苏州乃至全世界各地等人，但凡能与贝氏打上招呼，或提前致函或是先沟通，获得应允，都可进入园中赏玩。至于亲朋故旧，那就更不在话下了，后来成为世界著名建筑大师的贝聿铭，少时也曾在这位远房族叔的园中游赏，留下过一段美好的记忆。民国时期的文人，诸如范烟桥、曹聚仁、陈稼轩、张扬等人，都先后进入贝氏私家园林狮子林，游赏过后，皆有文字流传于世。其中代表性的文字有范烟桥的《狮子林》、张扬的《人间的

诗画狮子林

天堂苏州》、王叔明的《苏州名胜纪游》、陈稼轩的《苏州旅行记》、曹聚仁的《吴侬软语说苏州》等。王稼句先生《读园小集》中多有引用，读者自可参阅，在此不赘。

在前往贝氏狮子林游赏的一众人士中，不乏外国友人和学者，他们被狮子林精彩纷呈的"狮林"假山所吸引，被古典园林中所展现出来的东方生活美学所吸引，于是拿起手中的照相机，用光影为狮子林的山石草木、亭台楼阁留真，让眼前之景成为永恒的记忆。这些保存至今的老照片，与传统的山水园林绘画不同。过去的文人画，诚如倪云林自己在题跋中说的那样，"以意商榷作《师子林图》"，画面形象时常会有画家的写意成分；而现代光影技术下诞生的摄影艺术，镜像式的取景，使得这些老照片更具有写实性的特征。

1918年，贝氏家族狮子林的修缮工程还没有结束的时候，瑞典著名汉学家奥斯伍尔德·喜龙仁（Osvald Sirén，1879—1966）就来到苏州，实地参观考察了狮子林，用相机记录下正在修缮中的狮子林，这些真实的画面，弥足珍贵。这些珍贵的照片后来集结收录在的海外中国园林研究的开山之作《中国园林》（*Gardens of China*，1949年出版）中。从照片中，可以清晰地看到，修缮中的狮子林，还略显杂乱，尤其是园中植物的配置和修剪还没有完全到位。

在二十世纪初，有很多的美国教授、学者任教于苏州的两座教会学校——东吴大学和景海女子师范学校（今苏州大学）。他们长期工作、生活在苏州，对苏州的地情和历史文化

喜龙仁镜头下修复中的狮子林

喜龙仁镜头下的狮子林荷花池与水中假山

的了解较为深入。他们的足迹遍及苏州的大街小巷，园林自然也是他们喜欢走访参观的地方。其中有两位女性，在她们撰著的苏州文化书籍中，都留下了大量弥足珍贵的黑白照片。一位是美国人弗洛伦丝·露丝·南希（Florence Ruth Nance，1875—1940），她的丈夫是东吴大学（今苏州大学）的创立者之一、东吴大学第三任校长文乃史（Walter Buckner Nance，1868—1964）。她把自己在苏州生活多年的经历和观察记录写成了一本具有旅游指南性质的书——《苏州，一座园林城市》（*Soochow*：*TheGarden City*，1936年初版）。另一位是任教于景海女子师范学校的女教师，美国人包爱兰，她也写了一本苏州游记《中国园林览胜：留园与狮子林》，书中重点介绍了苏州古典园林留园和狮子林。

南希镜头中留下的是贝氏狮子林修缮一新之后的景象。从荷花厅向西看，荷花池及池中的九曲桥、湖心亭，与今天看到的景象基本一致。在指柏轩楼上南眺狮子林假山，群峰错落有致，假山上的古柏枝干虬曲遒劲，与今天游客所见基本没有区别。最令人瞩目的，当属玉鉴池畔，水泥浇制的西式栏杆，环绕四周。这是民国初年西方现代物质文明在古典园林狮子林中的时代印记和层累。

为了让人们更完整、更全面地了解狮子林，包爱兰在她的书中附了一张贝氏狮子林的布局示意图。在示意图中，她重点标识的有太湖石假山和池塘（荷花池），狮子林山水园部分的主要格局及山水与建筑的关系，与刘照的《狮子林》完

南希镜头下的狮子林九曲桥和湖心亭

南希镜头下从指柏轩南望狮子林群峰

全吻合，但在建筑名称的标注上，有些并不是十分确切。图示中标注的两处"亭子"（pavilion），一座位于东部假山群峰之中的，应该是"卧云室"；另一处是毗邻荷花池的建筑，应该是"荷花厅"。标注中的梅花门（Plumdoor），实际上就是指柏轩东侧的海棠门。拍摄狮子林的时候，她会自觉聚焦于太湖石假山，因而在她的光影世界中，存真传世的作品多表现狮子林的群峰和造型逼真的狮子独峰。

作为一个长期生活在苏州的外国人，包爱兰对苏州的传统民居建筑和园林多少也有一定的了解，她以"他者"的视角来欣赏苏州的古典园林，对富有中国传统文化韵味及极具江南风格的园林元素，不仅感到新奇，也颇为喜欢。于是，在她的镜头下，就留下了包括海棠门在内的传统古建筑构件的照片。此外，她还敏锐地发现了园林主人修葺狮子林的时候，大胆地融入了很多西洋建筑的元素——厅堂窗户上使用了进口的彩色玻璃，亭台轩榭上使用了铁艺栏杆，而不是传统的木构件"美人靠"。在园中花窗的设计建造中，体现出了中西合璧的特色，铁艺得到了较为广泛的运用，其中有不少图案在苏州其他古典园林中还是较为罕见的，如狮子、梅花鹿、仙鹤、麒麟、二龙戏珠、凤凰于飞、枫树、紫藤等。

1943年，日本出版的冈大路《中国庭园论》中也附录了包括狮子林在内的不少苏州园林的照片，这些散落在世界各地出版物中的老照片，都是过去在苏州园林研究中相对比较容易被忽视的图像资料。这应该也是我们后续研究中应该不断加以搜集、积累的方向。好在这一问题已经逐渐为学界所重视。2021年,中国工人出版社出版的邱丽媛编译的《遗失在西方的中国史·苏州园林》,就是这一方面研究的代表。

2015年,民国时期苏州籍著名画家陶冷月先生的后裔将珍藏的陶冷月先生拍摄的老照片捐献给苏州市档案馆,其中就有大量苏州园林的写真照片,狮子林的数量也不少。

陶冷月(1895—1985),原名善镛,改名镛,字咏韶,改署冷月,晚号宏斋、柯梦道人、五柳后人,室名风雨楼。江苏吴县(今江苏苏州)人。陶冷月早年曾学习过西画,对西洋绘画中景物造型、透视之法,以及明暗光影的处理非常熟悉,后来,他在绘画创作中融合了西画的技法,创造出属于自己的独特风格,形成了中西合璧的月光山水画,被蔡元培称誉为"新中国画"的创始人。

1923年起,陶冷月购买了两台德国产的蔡司相机和整套摄影器材,开始用镜头和光影来记录家乡苏州的自然山水和民居园林。作为谙熟透视、构图和光影的画家,他用起相机来也是得心应手。他在拍摄狮子林的时候,考虑得更多的是角度,以独特的拍摄角度为狮子造型的太湖石假山留下传神写照。

文物和文化遗产的双重保护

新中国成立后,贝氏家族将狮子林捐献给国家,由苏州

陶冷月镜头下的狮子林

市园林管理处接管修整并对外开放，狮子林正式成为文化遗址和文化遗产而持续受到保护。古典园林狮子林又焕发出崭新的艺术魅力，受到世人的喜爱。

1954年1月，苏州市园林管理处接管狮子林，经整修后在2月份对外开放。部分祠堂、义庄、族校为文化教育部门使用。1963年3月20日，苏州市人民委员会将狮子林列入苏州市第一批文物保护单位名录。"文化大革命"期间，狮子林曾一度改名为"朝阳公园"，直到1973年4月恢复原名。1978年后，苏州市园林管理处开始对狮子林在内的苏州古典园林进行全面系统的修整，古典园林的旧有景观得到逐步恢复。1982年3月25日，狮子林被列为江苏省文物保护单位。1988年，在原贝氏族校内的苏州工艺美校搬出，族校由狮子林管理部门接管。1992年，狮子林管理部门正式更名为"苏州市园林局狮子林管理处"，进一步加强了对园林保护管理工作，并开展了一系列的保护性整治工作。

狮子林被捐献给国家之后的几十年中，整个园子的布局仅根据现有建筑稍加调整，较大的维修与增改工程主要有1956年对"指柏轩"大梁的抢修，1975年花篮厅取代被火烧毁的荷花厅，1999年增加停车场及恢复紫藤架等。但这些修整工程，并未改动民国时期的基本格局和整体样貌。著名建筑学家刘敦桢教授自五十年代初开始实地调查测绘、研究苏州古典园林，为新中国成立之初苏州园林的布局样貌留下了珍贵的第一手资料。这些珍贵的资料集中著录在他于1963年

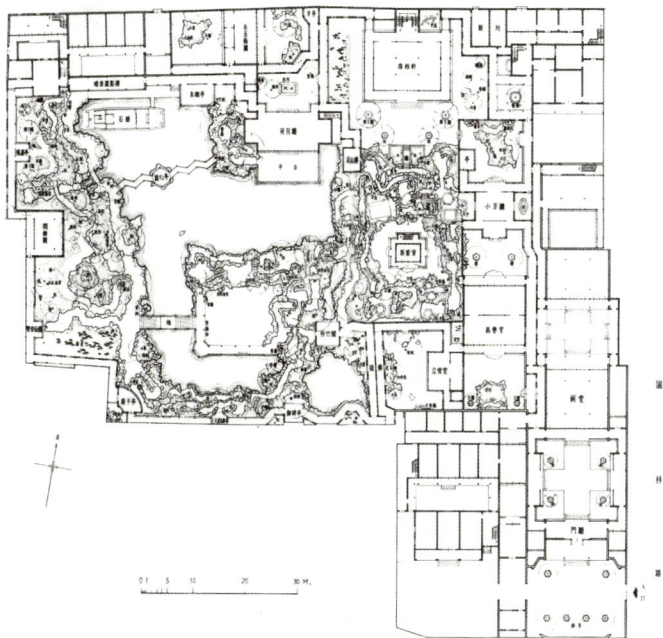

刘敦桢《狮子林平面测绘图》

狮子林荷花厅旧貌（1935年）

狮子林荷花厅原貌（二十世纪六十年代）

完成的《苏州古典园林》一书中。对照《苏州古典园林》中的《狮子林平面测绘图》，可以看出今天的狮子林基本维持接收贝氏捐献时的面貌不变。

2000年11月30日，苏州狮子林等五处园林被在澳大利亚凯恩斯举行的联合国教科文组织第24届世界遗产委员会会议正式批准列入《世界遗产名录》；2006年5月25日狮子林经国务院批准为第六批全国重文物保护单位，由此掀开了狮子林文化保护的新篇章。狮子林管理处按照世界遗产公约的要求，进一步加大保护管理力度，挖掘文化内涵，不断提高遗产真实性、完整性。与此同时，对于狮子林历史文化系统、深入的研究也在同步展开，通过对狮子林多重文化内涵的发掘，让广大市民不仅更好地领略苏州园林文化，也更好地体验和理解苏式生活美学和中华优秀传统文化。

空间感受与文化认同：
狮子林历史文化变迁的意涵

狮子林在六百多年的发展历程中，有过繁盛，也有过萧条荒芜。在历史的长河中，空间感受和文化认同，构成了其历史文化变迁的基本意涵。密度的此消彼长，既是狮子林平面布局演进的"果"，也是"因"。而在园内已经经历或正在发生的生活情境及文化意象的变化，则与人的真实经验更加相关，正如时人对狮子林诸景产生的认同感与归属感从未停止变化。

一、丛林形制：禅

初建时期的狮子林是极为简陋的，惟则禅师及其弟子"正月作，二月成，三月入居之"，并谢绝来自方方面面的公选私举。"如在岩谷"对众人而言首先是营造栖身之所最直接的现实条件，其次才通过禅者的个人感知上升为一种审美趣味，最终与其简朴的禅宗生活方式融为一体。禅宗以"禅"命宗，禅即是清醒地认知和清净的生活，惟则主张的"看话禅"贯彻于生活，要求时时刻刻都要有对禅的体验。禅宗的生活就是一个"静虑"的生活场，正如建园时的狮子林不立佛殿，唯树法堂，十二景中立雪堂、指柏轩、问梅阁、卧云室、冰壶井、玉鉴池、问梅阁、小飞虹、禅窝诸景本就是僧人日常起居的场所，狮子峰、含晖峰、吐月峰、竹谷仿佛意在营造山林之势与清逸孤迥之气，实则是天然巧合的平常之物。

狮子林的"林"亦是一件平常物，其真正意义只能通过隐喻逼近却不可真实显现，意义平常得近乎高深又在某个拐点回到质朴的物本身，这便是"禅"的意味。但是，"禅"对于禅宗而言是朴实无华而反神秘的，而对于那些追求士隐文化实则丧失清净之心的文人而言，"禅"则是神秘的，可以帮助他们获得心灵的慰藉。这带来了禅宗思想与地方士大夫阶层时代情绪的碰撞，由此可以理解为何狮子林在初创时期便迅速繁荣。写意催动着园中的日常起居之所走向神秘，亦迎合了下一个时代文人士大夫所追求的感官趣味。

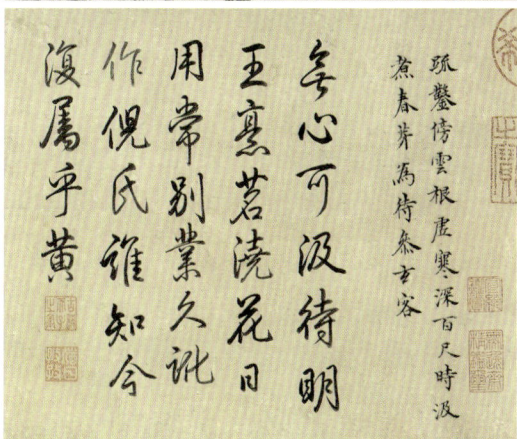

明徐贲《狮子林十二景·冰壶井》（台北故宫博物院馆藏）

疏凿傍云根虚寒深百尺时汲
煮春芽為待参玄客

冬心可汲待明
玉壶茗浇花日
用常别業久讹
作倪氏維知今
復屬乎黄

人人壺井

201

上编　诗画狮林历史

二、文人山水：趣

随着元明之际禅宗发展由盛转衰，狮子林在经历三位住持之后逐渐淡出历史舞台，直至乾隆年间黄氏得此园并逐渐恢复景致并得帝王品赏，狮子林才得以重振旧风。清人曹凯所作《师林八景》分咏狮子峰、吐月峰、小飞虹、玉鉴池、冰壶井、问梅阁、五松、八洞，于元明时期十二景已发生变化。如果说含晖峰、竹谷是自然消逝，禅宗生活情境的不存则是禅窝、立雪堂、指柏轩、卧云室消逝的主要原因。新增两景五松、八洞均为山林风光游赏场所。描绘此园奇绝的叠石假山和古树名木的题咏不胜枚举，如陆文启《游五松园》云："树石世希有，游历惊险怪。度地无五亩，奇峰具万态。变幻狻猊状，狰狞斗雄迈。玲珑九窍通，老米应下拜。"邵礼泰《游师子林》云："倒地穴玲珑，曲尽蜿蜒态。五松著土稀，岁久森成盖。"清时狮子林以叠石为山构成曲折回环的山径及玲珑幽深的洞穴见长，强调可登可入之"险趣"应是在元代土石假山基础上改建而来的。

"趣"是"新"趣，意味着新奇的感官刺激。这一时期的狮子林假山叠石虽仍在临摹自然山水，但依旧建立了与前人不同的审美规范，更多呈现出在当时江南私家园林所盛行的享乐气息和书墨趣味。可见，随着明清时期商品经济发展，对物质享受抱有积极向上的态度已经成为上下同步的全民性社会现象，狮子林初创时期追求清净生活并从自然中获得禅悟的初衷，已逐渐蜕变成附庸山水画意之风雅、寻求游赏之乐的世俗追求。加之如李渔、文震亨、计成等文人的助推，园林营造成为园主炫耀自身财富与地位、匠人炫耀自身技艺的特殊场域，园林的生存状态也愈加与经济、权力相绑缚。

三、帝王爱园：威

乾隆十二年（1747），倪瓒《狮子林图》传入内宫后，乾隆帝爱不释手，当他得知狮子林遗迹仍存吴中，随即在第二次南巡时便携此图实地寻访。尽管园中的建筑密度早已今非昔比，园貌不仅与倪瓒图中所绘大相径庭，还因年久失修并不完善，但乾隆帝仍认定自己在此探访到了倪瓒所绘清新恬淡的意象，为后人留下一处疑点。

但考虑到乾隆帝南巡之目的在于笼络江南士人、督查黄淮河务和浙江海塘工程，便不难理解帝王此举之深意。一来，乾隆皇帝本身并不求追溯狮子林原真之貌，其御驾的重要活动场所御碑亭、御书楼都被作为"焦点"建筑画入《南巡盛典》，长春园、避暑山庄的狮子林亦是以此园貌为蓝本仿建而来的；二来，乾隆皇帝并不追求倪瓒画意，他授意随行画官钱维城绘《狮子林全景图》表现其"数亩有千里之势"，不见倪画之痕迹，通过"补成全景"彰显自己的文化控制力；三来，乾隆皇帝在技术上也具备对文化意象深入细致的操作能力，如在狮子林仿建过程中谈及假山用石问题时，乾隆帝认为"南方石玲珑，北方石雄壮。玲珑类巧士，雄壮似强将。风气使之然，人有择所尚"，成功促进了南北造园艺术的沟通融合。乾隆帝屡次仿作、多次仿建，不断表现出对《狮子林图》及其背后江南文化的"占有欲"，使得黄氏狮子林借倪瓒《狮子林图》成为封建帝王实现满汉文化融合的工具，彰显着皇权的威严。

由此来看，乾隆帝之所以欢欣鼓舞地收藏狮子林书画或是园林本身，是因为其标志性的符号价值，而非艺术价值。"收藏《狮子林图》—恢复狮子林旧址—屡次重游狮子林—两度仿建狮子林"构成了乾隆帝对于狮子林文化符号实施全面占有的完整过程，一个属于"皇家"的狮子林由此成了乾隆帝南巡期间所输出的重要江南文化形象之一，进一步，对江南文化形象的占有实则是对以江南文化为代表的汉文化的占有，帮助帝王达成了笼络江南文人雅士、锻造帝国文化大一统的教化目的，充分体现了乾隆帝对文化思想界的独特控制力。

四、敦宗睦族：合

十九世纪末二十世纪初，由于经济结构和教育结构的变革，商人在"重商思潮""实业救国"的浪潮中，社会作用与地位不断凸显。上海开埠以后，江南地区"士商相混"现象迅速扩大，形成了一个与半殖民地半封建过渡社会形态相适应的特殊的绅商阶层。正是在这样的背景下，吴中贝氏家族积

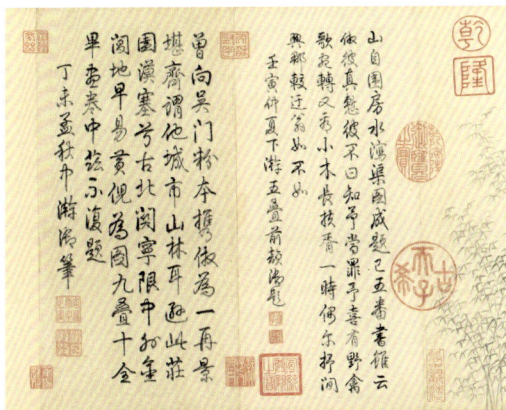

清乾隆帝弘历《仿倪瓒狮子林图》题诗

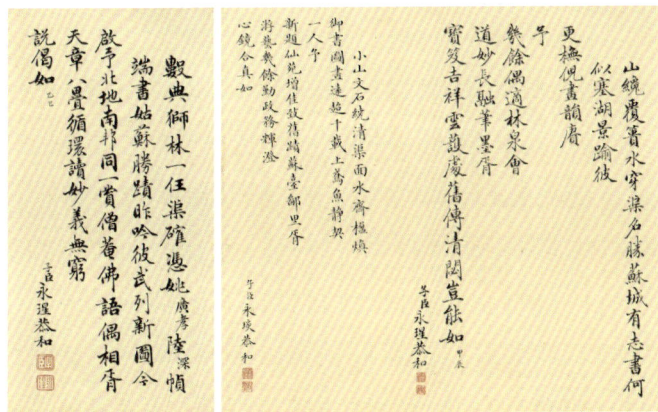

清乾隆帝弘历《仿倪瓒狮子林图》上成亲王永瑆和嘉庆帝永琰题诗

极投入现代商业，十三世贝仁元、贝理泰均在上海发迹，同时积极回到苏州参与地方公共事务和商会组织，紧密维系家族外部利益与内部关系，狮子林在此时期成了贝氏聚族观念的重要体现。

1933年，贝仁元创立"承训义庄"并设办事处于狮子林旁，经理条规明确"狮林花园归承训义庄管理，故另外提出5万元生息收入作为园内修理开支等项"，"另选司事及工人数名办理园务"。"祠园一体"的狮子林虽为贝仁元所购并重建，但并不是用于其个人享受，而是为族人共享，并侧重道德教化功能的实现。狮子林这一教化空间传递了四类观念：其一是伦理道德的教化，如祠堂与花园中的砖雕"景范""仰韩""敦宗""睦族""扬仁""存厚""宜家受福"宣扬着忠君、仁义、亲孝的传统，铺地、山墙上的蝙蝠装饰寓意为福瑞吉祥；其二是家族观念的传承，如园中假山小品"三足金蟾"通过刘海蟾的家族传说叙述了善有善报、积善积富的财富观和乐善好义的家族传统；其三是个人价值观的传授，如观瀑亭匾额"听涛"记叙贝仁元早年久客海上日夜听涛的经历，传递他商海浮沉的人生感悟，再有文天祥狂草手迹《咏梅》被置于御碑亭、真趣亭更高处并构新景"正气亭"，彰显了这位民族企业家的爱国情结；其四是时代美学的传播，如荷花厅前耸立的钢结构观景台、水泥结构的画舫船、祠堂第三进的西洋式建筑，以及园中数不胜数的彩色玻璃镶嵌，运用了新型建筑技术，也酝酿着新审美的产生。

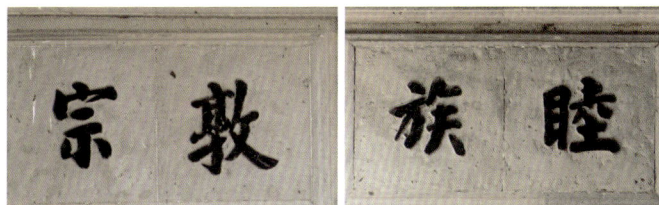

狮子林贝氏宗祠砖额"敦宗""睦族"

狮子林贝氏宗祠砖额"宜家受福"

狮子林夜景

贝仁元还将新式学堂引入义庄体系，为族人提供普惠的教育机会，毗邻开放的狮子林也就成了最完美的教学场域，一名"无言"的老师。正逢晚清民国时代巨变、政权更迭，贝氏家族不遗余力地修编家谱，兴建祠堂、义庄并办新学，利用社会救济与社会福利来吸引族人，就是为了消除宗族因散居而消亡的担忧，以祠堂为核心的建筑群形塑了家族合力，让"丛林式"的狮子林又"复现"于那个繁荣而满目疮痍的年代，并增添了更多规训的意味。

五、结语

狮子林自初创时期开始便具有"开放"的场所精神，它起始于僧众的丛林而聚，发展于寺庙的公众繁荣，兴旺于对媒介的跨越，最后一任园主则将它打造为一艘抵抗风雨的大船。基本空间结构由自然环境确定并加以暗示，每次布局变迁都遵循着渐进生长原则，吐纳着技术与文化新旧范式，不断地顺应过去又影响着未来。"新景"的诞生并没有湮灭"旧景"的存在，而是巧妙结合并创造出一种难以界定的样貌。从无名僧众到名师大家、从山林野气到人工雕塑、从神秘写意到夸张写实、从传统营构到西洋技术都在狮子林留下了痕迹，每每并非替代而是传承和延续，仿佛总有一些东西，如石一般，拒绝消逝……

下编 诗画狮林园景

假山王国：狮子峰

　　狮子林素以假山闻名，被称为假山王国。假山可以被看作是狮子林的精华所在，狮林的禅意和趣味性都能够在假山中找寻到。过去狮子林中"有竹万个，竹下多怪石"，惟则及其弟子看中了狮子林的自然野趣，围绕竹林山石修建了这座禅意园林。在狮子林近七百年的漫长历史中，园子的其他部分都几经兴废而不复原貌，只园中的假山还保留着元代的遗韵。

一、假山石来源迷思

　　狮子林最初构园时并没有将建筑作为重点，过去各个朝代各个画家笔下的狮子林，其建筑体量和假山相比都很小，而且没有和假山等高甚至更高的建筑。想来当时人们在平地仰望狮子林假山，更能感受到它三层假山堆叠带来的视觉上的震撼。

狮子林如此巨量的假山石从何而来，何时运至此处，并没有明确的史料记载。词曲家吴梅认为狮子林的假山石是朱勔为宋徽宗修建艮岳搜罗的太湖石，史学家顾颉刚也认可这一论点。虽然目前没有文献证实这一论点，但这并非无端臆测。

作为一位极富美学追求的皇帝，北宋徽宗爱石成癖，为打造他理想中的人间仙境——艮岳，从崇宁四年（1105）起大兴"花石纲"，成立苏杭应奉局搜罗山石。负责此事的朱勔为将嶙峋美石运往京师，不惜凿城毁堰、拆墙毁屋。这场劳民伤财的大劫难直至宣和七年（1125）金兵南下、徽宗禅位南逃才停止。

在《师子林纪胜集》《姑苏志》等文献中记载了狮子林在宋代是章綡（1052—1125）故居，但没有提及此地是否有太湖石存在。章綡身为朝廷官员，如果宅园中真有如此大体量的山石，不可能违抗朝廷不交出，大量石头堆放此处只可能是因北宋灭亡导致大量未完成运送的太湖石被遗弃在此处，而此地因宋朝的覆灭、历史的变迁逐渐被遗忘、废弃，直到至正二年（1342）被惟则弟子选中，他们围绕着此地的假山石建造了狮子林。假山石为这座狮林禅院提供了野趣，居住其中的僧人和往来宾客则让它变成了禅意园林。

二、假山群之变迁

　　近七百年的历史流淌过这座园林，木构建筑被建起又被损毁，只有假山石保留了原真性。朱德润在至正二十三年（1363）绘制《师子林图》并作序，当时正值元末动乱时期，但那时的狮子林和惟则禅师初建时的狮子林相差无几，几乎没有受到战乱的影响。至于明代初年，根据高启的记录，狮子林历经百年，不仅没有被战乱破坏，反而日益兴盛，当苏州城的其他园林"萎废于榛芜，扃闭于风雨"，狮子林"泉益清，竹益茂，屋宇益完，人之来游而纪咏者益众"。明代的狮子林史料罕见，如海禅师逝世之后，狮林寺就迅速荒芜下去，此后对假山的描述就愈发少见。清咸丰七年（1857），僧人祖观在《师子林纪胜集》中写道："师林片石五百余年，独存天壤者。"证明狮子林的假山到那时在整体上仍没有很大的改变。

　　狮子林假山石有明确变动的记载是在清光绪中叶，曾在狮子林接驾乾隆皇帝的安徽黄家家道中落，其子孙变卖家中木石，园中假山叠石也大半坍圮。不过，黄家后人变卖的假山石应该只占假山整体很少的一部分。民国时，贝仁元买下狮子林并重修假山、扩大西部假山体量。当前狮子林的假山石，其体量之巨大，非贝家一时能聚齐；另外如果从头重新修建，其工程量也非一时能够完成，所以狮子林当前的假山应当是大体在原貌的基础上修整的。童寯在《江南园林志》

清赵霆《摹徐贲师子林十二景图·师子峰》(《狮子林纪胜集补遗》)

中写道:"迄今为大规模假山之仅存者,即狮子林也。"漫长的历史中,狮子林经历多位主人。他们有不同的身份,不同的审美取向,或许对园子的建筑进行了不同的改造,但都未对狮子林的假山进行大规模的改动。狮子林假山因而得以保留其原真性。

三、现存假山及其审美辨析

现在的狮子林假山主要分为水旱假山两个部分,路线分为上、中、下三层,共九条路线、二十一个洞口,可上下攀爬,趣味丰富,难怪清代学者俞樾赞狮子林假山"五复五反看不足,九上九下游未全",其中玄妙需得游人亲自游览感受。同时,假山的景观变化多样,有所谓"桃源十八景",行进过程中可以看见棋盘洞、禅窝遗址及矗立在其边上的狮子峰,途中也会经过见山楼、卧云室。待往西行,视野就会豁然开朗,有荷花池、湖心亭及花篮厅等。

从体量上看,狮子林假山是古典园林中体量最大的。贝家购买狮子林时,园内假山的占地面积是1200平方米,贝家购入之后在西部扩建了1100平方米的石包土假山区域,现在进入狮子林所能游玩的假山总面积约为2335.86平方米。除了小赤壁之外的所有假山石都是湖石假山,其珍贵程度不言自明。得益于皇家造园工程而有如此多的太湖石齐聚的狮子林,却也因为石头的多和乱而在审美上被诟病。清代文学家沈复认为狮子林虽然"石质玲珑精美,中间多有古木",但假山"如胡乱堆砌的煤渣,再加上苔藓累积,用蚁穴穿插"(清沈复《浮生六记》),缺乏真山所有的气势。反对者则认为狮子林假山自有其妙,它的美需要细细品味,如吴冠中认为狮子林的美是"抽象"的,且这座园林的"文章也确在石头世界里",故而即使狮子林空间小,如此多假山石在其中,也不会成了堵塞空间的累赘,因为狮子林假山石"方圆、凹凸、穿凿、顾、盼、迎、合,是狮、是虎、是熊、是豹,或是人,又什么也不是"(吴冠中《审美力》)。这些假山石富有的动态美感让这座石质迷宫活了起来,游人在其间不仅能感受到石体本身的精巧,也能感受到自然界中动物所具有的活力。

中国人对赏石本身就有不同于世界的一套理念,赏石要从瘦、皱、漏、透、丑这些相石法则来进行。瘦、皱、漏、透这套标准由米芾在渔阳公的"秀瘦雅透"基础上所创,当石头同时满足婀娜多姿、起伏有致、漏透生奇、空灵可人这四点,即堪被称为奇石。赏石不仅要赏其奇,还要赏其"丑",中国人欣赏丑石,这是极独特的。《宋史》本传曾载:"无为州治有巨石,状奇丑,芾见大喜曰:'此足以当吾拜!'具衣冠拜之,呼之为兄。"米芾拜丑石,让他被称为石痴,同时此事也被称为一桩雅事从此流传于史。这里所说的"丑"并非指一般意义上令人生厌的丑,丑不等于不雅。丑虽被看作是美的反义词,但实际上,丑是突破了美之边界的存在,是一种更高的境界,而且石头是自然形成的,它的形态更是自然而无人工

狮子林假山

矫饰的。自然本没有美丑，这只是人类赋予的价值标准，中国人的赏丑，实际是一种审美的突破。

画家们是世上最有美学经验的一群人，狮子林自建园开始就深得画家的偏爱。他们借狮子林假山绘制自己心中的真山，最有名的作品就是倪瓒的《狮子林图》。这幅图让狮子林扬名，也让钱维城、杜琼等历代画家乃至天下艺术藏品最多的皇帝都被狮子林假山吸引，为狮子林假山留下历史的一瞬。

画家们会对狮子林如此痴迷，一方面是因为狮子林"石形偶似"狮子，另一方面就是因为狮子林假山整体极具禅意。自佛教传入中国以来，佛理及由其演化而来的禅成为文人雅士普遍认可的宗教哲学，礼佛习禅的画家不在少数，如五代的巨然、元代的倪瓒、明代的董其昌、清代的八大山人等，这些著名的画家要么本身就是僧人，要么通晓禅理，以居士自称。佛理禅意加深了他们绘画作品的意境，让其变得超凡脱俗，可以说，禅宗思想对中国画有很大的影响，作为禅意园林的狮子林天然对画家们有巨大的吸引力。狮子林假山石是美是丑，结论自在观者心中，历史也会给出正面的回答。

四、禅意弥漫的狮林石峰

狮子林的狮元素与佛教渊源颇深，佛祖释迦牟尼前身是一头六牙白象，但佛家却以狮子作为佛的象征，中国人将佛祖称为"人中师子"，这是因为传言释迦牟尼降生之时，"一手指天，一手指地，作师子吼：'天上天下，唯我独尊。'"
（《祖堂集·释迦牟尼佛》）并将群兽慑服。除此原因外，狮子是万兽之王，佛祖亦被佛门中人认为是人类中的至高存在，狮子因而可以被认为是佛祖在自然界中的象征。狮子不仅作为佛祖的象征，同时也是佛祖和菩萨的坐骑，在中原地区考古出土的佛像中，能看见狮子作为释迦牟尼的坐骑出现。狮子的本土化也很是成功，文殊菩萨作为中国的本土菩萨，其坐骑也是狮子。狮文化逐渐随着佛教文化在中国社会传播而逐渐扎根。

元代狮子林的得名离不开园中无数状如狻猊的假山石，这些狻猊或起或伏，当游人漫步于石林之中，很可能在某个转角就遇上一头。诸多峰石中最引人注目的是狮子峰。这一头最威武雄壮的狮子昂首立于卧云室之南的假山之上，它也是狮子林假山群中最高的一块湖石假山。站在卧云室南侧走廊里抬头往上看，可以看见这头狻猊奋威而起，似欲吼出雷霆之声，伴其周围有含晖峰、吐月峰、立玉峰、昂霄峰。狮子峰能在这些怪石中傲然挺出，成为狮子林石林的主峰，可见其造型之独特，气势之磅礴。

狮子峰以外的峰石中，又只有含晖峰、吐月峰两峰有相关诗画留存。我们从留存下来的诗画中，就能看见狮子林石峰的禅意和其中的天然意趣。在狮子林的相关绘画中，徐贲的画明确画出了这几个峰石。史料记载中，含晖、吐月布列于于狮子峰两旁，"（师子峰）两旁复各有峰亚匹之，东曰含

明徐贲《狮子林十二景·师子峰》（台北故宫博物院藏）

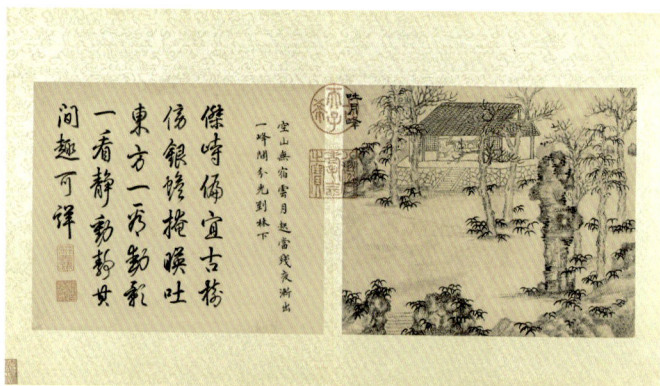

明徐贲《狮子林十二景·吐月峰》（台北故宫博物院藏）

晖……西曰吐月……"（明王彝《游师子林记》），但在徐贲的《狮子林十二景》中，这三个峰石互相独立成画，在各自的绘画中不能发现其他峰石的身影，就连背景都各不相同，仿佛身处于不同的空间之中，这其实是画家有意为之。

在《师子峰》的画作中，狮子峰在画面的中间偏左的位置立着，论大小，似乎还比不上含晖峰及吐月峰两幅中山石的大小，但其形状特别，有雄狮的张扬之感，边上矮小的石块像是百兽作臣服状，更加突出了中间狮子峰的威严。当徐贲在处理含晖峰和吐月峰的时候，将两峰置于画面的右侧边缘位置，相较而言，狮子峰更像是画面的主角，让人目光无法克制地被它吸引，为它所慑服。含晖峰是整个《狮子林十二景》的峰石中看起来独树一帜的一块，相较于其他假山石块，尤其是另外两块峰石而言，含晖峰的外形更加轻盈高挑。徐贲没有直接用皴法勾勒其外形，而是转用了线描的形式进行勾画，然后用皴法进行点染，更显得含晖峰灵动精巧。徐贲没有将含晖峰置于狮子林的实景当中，而是将远山、湖水作为其背景，一方面可能是为了与另外两个峰石作区分，不至于过于雷同；另一方面则可能是因为当时的含晖峰本身的造型和另外两块峰石不同，因此需要用这样开阔平远的背景来与其相匹配。而且含晖其名说明该石与朝阳的联系更深，含晖峰的石腹位置有空洞，朝阳落于石上，能够结成霞光，而在画面中用平远的背景能够给人以一种日光已出，"其晖晻暖相射"的感觉（明王彝《游师子林记》）。日落则月出，月光落于吐月峰上，显出一些宁静，还有一丝孤寂。徐贲的《吐月峰》中虽然不见明月当空的景象，但峰后屋内那人正探头向外看，他看的究竟是吐月峰本身，还是补了高峰之缺的明月光呢？明月不在画内，只在赏月人的眼中，而吐月峰便是月光凝结之石。将狮子峰立于含晖、吐月之间似是人为，又似浑然天成，太阳东升西落，雄狮立于日月天地之间乃自然也，这是禅修们对于禅机的领悟。至于其他狻猊怪石，匍匐其下，则更显出狮子峰天上天下唯我独尊的霸气。

再观倪瓒创作的《狮子林图》，更得荆关遗意，相比于体现园林景境的细节，倪瓒更注意体现园林的整体禅境，于是除了山石正中禅窝前那块体量巨大、独立放置的石峰似乎可以被认为是狮子峰外，其他石峰都混入山体当中，没有被凸显出来，而这也体现了狮子峰在画家眼中的独特地位。

可会认不出那块石头即是狮子真身？一方面说来，我们不能用今天我们能见到的具体的狮子形象来想象古人眼中的狮子，狮子作为西域凶兽不一定能被大众见到，郭璞在注《穆天子传》时则将狻猊等同于狮子："狻猊，师子，亦食虎豹。"狮子自然是不食虎豹的，因此这样的说法能证明狮子并非本土动物，中国人除了皇室贵族能够见到狮子真容，只能依靠传言和想象来对狮子进行描写，对其存在误解也是可以理解的。民众能够赖以想象的可能只是石狮或者佛祖雕塑上的狮子，必然会与我们眼中的狮子有一定的差距。另一方面，中国人对于石头的欣赏自然不会像欣赏古希腊雕塑那样，追求外形的极致相仿，而是在似与不似之间。齐白石先生说："作画妙在似与不似之间，太似为媚俗，不似为欺世。"这是中国人对艺术的审美。文人认为好的石头也要在似与不似之间，这样可以从石之造型中见到万物百态。狮子峰在不同人眼中的狮子形态很可能是不一样的。石头是自然长成的，"像狮子"只是人类一厢情愿的想象。这种千万般可能的姿态，也是禅宗从心出发，理解世界的智慧。

狮子林中石狮林立，禅意弥漫，漫游狮林，耳畔能够听到狮子吼，那便是佛音了。狮子林的假山仿佛迷宫，汪鋆所画的《狮子林图》形象地表现了狮子林假山群这种"迷"人的特质，让观画之人仿佛走入迷宫，看似与另一条路相距不远，却隔着天堑，需要好一番寻找方能拨开迷雾，找到出口。这样的迷宫难道不是人内心迷障的显现吗？人们心中的诸多妄念便是给自己内心设下的障碍，人们在这精神迷宫中找不到出路，于是郁郁寡欢。来这禅意狮林的假山中走一遭，"举头见奇峰，如见师子吼"（周稷《师子林五言八咏》），便可听到佛音，破除诸妄，内心豁然开朗了。

"青天落镜中"的玉鉴池

太多人匆匆而来，草草而去，浮光掠影，浅尝辄止；还有人说，逛得脚疼，挤来挤去，灰砖瓦房，大同小异。也许狮子林之于我们，并不只是这样。品狮子林，是怀古也是惜今，怀的是花木泉石，修身养性，惜的是百年悲喜，浮生如梦。

诗文兴情以造园，中国古典园林营造是对世界造园艺术最独特，也是最大的贡献，园林中的"诗性品题"正是园林显性的文学样式，也是中华文化名片。苏州古典园林的意境营造，无不是园主情志与文化修养的自我表达，往往通过建筑物等物理形态得以实现。

晚明造园艺术大师计成在《园冶》中有道，园林建造不应固守僵化的"常套"或模式，需要在叠山理水中不断"探奇"求胜，优游于这样的园林之中，方可尽情尽性，充分领略"园圃"之乐，而这一切都需要一个重要的艺术前提——合乎园主的志趣，即所谓"意尽林泉之癖，乐余园圃之间"，"探奇合志，常套俱裁"也。理水，即挖建水池，将园外的活水引进池子。由于某些特殊的历史、环境等原因，古人会给水池冠以典雅美好之名。

狮子林的主假山北面弓形桥下有一条狭长的小池，名为玉鉴池。"凿池松竹里，不与野泉通。风静游鱼息，青天落镜中。"（明高启《师子林十二咏·玉鉴池》）"玉鉴"原义是光洁可鉴的玉片，也为镜子的美称。"水清不生萍，况复生鱼子。僧面此中看，分明佛光里。"（明王彝《师子林十四咏·玉鉴池》）由于此处受高耸假山和北面高大建筑的围合，水池面积又很小，因此常年水面若凝无波，池水平静无涟漪，犹如碧玉磨成的镜面，故名玉鉴池。玉鉴池为狮子林著名八景之一。

一、起源：与自然共生，纳人生逸趣

元代书法家、教育家郑元祐曾提笔咏赞玉鉴池："活水涓涓一鉴开，玉光射日莹无埃。临流照见行禅影，天际孤云蓦地来。"（元郑元祐《师子林八咏·玉鉴池》）"北郭十友"之一的王行诗咏有曰："方池开玉鉴，炯炯湛虚明。瘦影何烦照，心凉已共清。"（元王行《师林十二咏·玉鉴池》）

狮子林营建时正逢元末明初的乱世，许多文士选择求仙访道，避世遁迹，自缚于禅，常以用禅观静照或客观描述山水表达动荡失意的情绪。既要体现山水之于情绪相互消弭，又要在和谐自然中展现对美好品质的修养追求，禅味浓厚的狮子林满足了这种社会精神需要。"月来似禅性，风定似禅心。数尺方池水，应同觉海深。"皆与顿悟佛性有关。

当时无数人选择归隐山林，有点类似如今的"躺平""佛系生活"，与其"兼济天下"不如"独善其身"，但真正的隐士绝不是消极避世。退隐的官员、文人多年宦海沉浮的人生阅历，使得清静淡泊、自然适意成为各自人生哲学和生活情趣的基调。他们纷纷把内心构建的精神绿洲，倾心外化为一方方属于私人空间的庭园，可以吟诵着《归去来兮辞》中"登东皋以舒啸，临清流而赋诗"，在时空的穿越中实现"思接古人"的同频共振和精神愉悦。陶渊明身在乱世，厌倦了官场逢迎，看多了百姓疾苦，用《归去来兮辞》宣言与官场决裂，这是一种"养真"，以真情性自我反思，并将其融入大自然中。类似陶渊明厌倦世俗之后，才选择去过隐居生活的古代文人，其实不应该被称为真正的隐士，仅仅只是有目的的"隐世"。

众多文人到狮子林中集会，写下了大量的诗文和游记，后被编入《师子林纪胜集》，对狮子林园的图绘也随即展开。最早图绘狮子林园的是天如禅师的好友朱德润，他在天如圆寂后至正二十三年（1363）绘图，并写长序追忆二人友谊，可惜此图早已散佚。在这之后，明初洪武六年（1373），倪瓒受天如禅师之徒如海禅师之请，绘制《狮子林图》。

次年，即洪武七年，如海禅师又请来徐贲绘制《狮子林十二景》。《狮子林十二景》以十二幅画的形式呈现，有很多粉本，但没有定稿（也有一说是定过稿，只是没有被流传）。由此可见，景境在明初时已形成了深受人们珍赏的十二景，其中就包含玉鉴池。"一镜寒光定，微风吹不波。更除荷芰影，放取月明多。"（明高启《师子林十二咏·玉鉴池》）时人高启、张适等人曾以此唱和赋诗，竞相作《师子林十二咏》。徐贲《狮子林十二景》之册页恰与诸贤诗咏图文对应、相互配合，是禅林景境生动具象之体现。这之后，倪云林、徐贲两人的狮子林图都被编入《石渠宝笈》，成为世人瞩目的名画。

徐贲绘图"角度清奇"，假山边就映衬着一池清水、清泉，他把视野放在山林边上的水面："微微林景凉，悄悄池鱼出。欲去戏仍峦，乍深惊还逸。行循曲岛幽，聚傍新荷密。不有濠梁兴，谁能坐终日？"（明徐贲《和高季迪师子林池上观

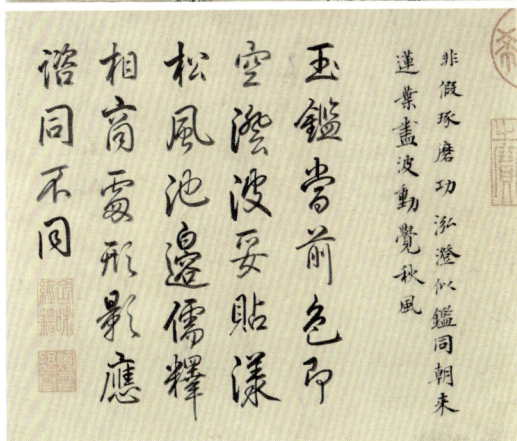

明徐賁《狮子林十二景·玉鉴池》（台北故宫博物院藏）

鱼》)微微荫翳凉爽，傍晚时序，池塘里的鱼儿开始悄悄地露头，戏于荷叶间；它们想要游开但又很留恋，来来回回，一下子惊起了水面的波纹，一眨眼又立马迅捷逃离；此时变换视角，对鱼来说，小荷才露尖尖角，万壑群峰不过是座小岛，聚在刚生出的荷芽旁，倏忽自如；池上观鱼，不免让人想起庄子与惠子"濠梁观鱼"的桥段。

虽然狮子林是佛教园林，但用的是《庄子·秋水》"濠梁观鱼"这个典故，万事万物都是相对的，这是浅层的哲学思辨；把自己的心境移情于鱼，鱼乐我乐，与万物共生共息，达成"物我同一"的自由境界，这是深层的精神追求。如此悠哉闲适的生活，在狮子林园内竟一点也不违和，禅意之园暗合不争不抢、平和度日的"佛系"态度，这算是一种温柔。

二、巨变：与历史对话，品臻境风华

据元朝危素《师子林记》与欧阳玄所述：故作屋不多，然而崇佛之祠、止僧之舍、延宾之馆、香积之厨、出纳之所，悉如丛林规制。林有竹万个，竹下多怪石，有状如狻猊者，园内设小飞虹、卧云室、立雪堂、指柏轩、问梅阁、禅窝此等建筑，庭旁配置柏"腾蛟"，梅"卧龙"，竹苑深深，尽显禅意，再添以"冰壶之井"、玉鉴池等，以水喻其法性云。

结合危素与欧阳玄所言，元朝狮子林的园林格局便基本定形。由于寺庙之中只有一池水，故而得出该处为玉鉴池之

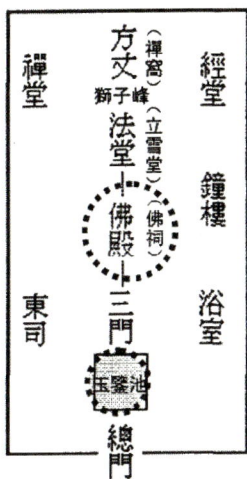

《元朝狮子林园林布局》
（郑春烨《苏州狮子林之
叠山研究》）

元倪瓒（款）《狮子林图》玉鉴池所在的位置

位。不过，尽管文中有记载，画中有描绘，仍然不能确定大致方位，仅能够确定同组以内的前后关系，不能区分东西南北，故还存在多种位置的排列组合及诸多的不确定性。

据倪瓒（款）《狮子林图》大致可以确定此时狮子林的格局：寺门设在假山南，进门可见玉鉴池，池北依次为指柏轩、卧云室、立雪堂。若以狮子林的园中景致参看倪瓒（款）《狮子林图》，确能见出画作对园中景致玉鉴池及假山奇石等的描绘。画作取坐西朝东的角度，随画幅自右向左打开，展现的是自南向北、由园门至园末的图像。卷首是南部的园门，院墙内外各种修竹，入园后道路两侧分列六株低矮松树，之后用方形的竹篱围砌之处应该就是玉鉴池。

倪云林的画作是用长卷的艺术形式，全景式地展现狮子林的全貌，而徐贲的《狮子林十二景》则以册页的形态，逐一展现园中诸景，使玉鉴池得以单独在画面中形象直观地表现出来。画中的意境颇具清旷雅逸之风味，诚如苏州才子高启在诗中所写的那样："非假琢磨功，泓澄似鉴同。朝来莲叶尽，波动觉秋风。"（明高启《师子林十二咏·玉鉴池》

直至明中期，狮子林园仍然保存完好，然而到明代晚期，惨为豪强世家所占的狮子林逐渐破败，元代初创时期的样貌已经发生了重大的变化。到乾隆皇帝南巡，临幸黄氏"涉园"的时候，大量的存世文献中，元末狮子林建造时的"玉鉴池"已然不见明确的记载。清代学者龚炜《狮子林》所言："含晖、吐月、立玉、昂霄峰依旧，'小飞虹'桥、'腾蛟'之柏、'卧

《南巡盛典》中《狮子林图》水池部分和御碑亭

龙'之梅、'卧云'室、'立雪'堂、'指柏'轩、'问梅'阁在皇帝南巡之后已焕复旧观。"其中并未提及玉鉴池。

乾隆二十七年（1762），"纯皇帝南巡，始开辟剃草，筑卫墙垣。其中有狮子峰、含晖峰、吐月峰、立雪堂、卧云室、问梅阁、指柏轩、玉鉴池、冰壶井、修竹谷、小飞虹、大石屋诸胜，湖石玲珑，洞壑宛转。上有合抱大松五株，又名五松园"。而通过乾隆三十六年（1771）《南巡盛典》中的《狮子林图》可以看出，到了清代前中叶，狮子林园布局与前朝已经有所不同，原来的御碑亭应该在现在湖心岛的位置，面阔三间，当年乾隆皇帝写这首诗的地方叫作御诗楼，是现在指柏轩的位置。"早知狮子林，传自倪高士；疑其藏幽谷，而宛居闹市。……假山似真山，仙凡异尺咫；松挂千年藤，池贮五湖水。小亭真一笠，矮屋肩可倚；缅五百年前，良朋此萃止。"

虽然建筑没有标注完全，但我们可以推知北面建筑由西向东依次为禅堂、方丈，建筑布局属禅宗寺院规制，下部的大殿、藏经阁，另添加了御碑亭、御诗亭等。也就是说，乾隆帝第三次南巡前，狮子林才进行了大规模的修整和营造，这显然不是元末倪瓒所见，最多可以说是因其故地，另造新园。综上所述，我们大致可以判断，玉鉴池建于建园时，保留至元末明初，至清大规模修整和营造时已不复存在。玉鉴池应是现如今我们在园内所看到水池的前身。

三、方今：致敬匠心，人居理想

园林之美，理水载之。水是园林的灵魂，水池便是核心区。在天光云影共徘徊的光影效果中，我们能看到狮子林的水池景境，狮子林在水的映衬下更为生动，在水的联结中虚实相间。盘桓徜徉在林园之中，循着溪边小径"缘溪行"漫步，跟随着陶渊明笔下的武陵渔人，"忘路之远近""忽逢桃花林"，眼见"芳草鲜美，落英缤纷"，完全置身于"桃花源"的世界之中。

民国染料大王贝仁元买下狮子林重修之后，延请刘照主持重修狮子林。在这个过程中，他增添了一些内容，丰富了景观。园中水系可分为湖、河、池、涧几部分，加上西部假山增设的瀑布，水景之完备为苏州各园林之最。整体景物也是遵循面积较小的园林常用的"小园理水宜聚"的布局方法，以水池为中心，建筑物环绕水面。如此狮子林的水池面积显现出汪洋一片的气势，水面开阔，与峰石林立、奇岩峭立的湖石假山群形成一开一合、一虚一实的对比。山水相依，空间收放有度，富有节奏感和韵律美。

据记载，池水最开始由荷花厅（花篮厅）东部取水引入，与外部直接相通。水池在复廊南侧设阴沟管与园外下水道相接，在雨涝季节，当池中水位过高时可向外宣泄，将池中水通过水井排泄于周边的水系当中，而在亢旱不雨时，池水也不至完全干涸。苏州每年的降雨较多，园子临近水源，利

二十世纪三十年代狮子林的水景、湖心亭、真趣亭

用季节性雨水塑造景境,最典型的示例为狮子林的飞泉,不仅能有效地缓解雨洪问题,还造出了山野飞泉的景象。如今以机械代替。

进入狮子林,登上见山楼,推窗外望,奇峰异石,有重门叠户之感,正南横一条小溪"玉鉴",溪上架拱形石桥,桥北是石峰林立,玲珑俊秀,洞壑盘旋,出入奇巧。现在的玉鉴池总体呈南北向的长方形,因池里积蓄的水透彻如玉,清明似镜,得名"玉鉴"。

玉鉴溪西以暗洞与玉鉴池通,围以黄石假山小赤壁,山低而险峻,山下设一洞,为水流出口,东为复廊,南为园林界墙游廊,此区相对封闭,形成山涧清潭之感。溪南流,汇而成小赤壁清潭一池,水流继而西折,形成河道,最后北折穿过石拱桥汇而成一泓深潭。从南山石峰、卧云室到北山石峰,再过玉鉴溪桥直达揖峰指柏轩,以横跨的玉鉴溪桥划分成一条南北向中轴线,站在主假山西部眺望玉鉴池,左手即为岛山北岸。诚然,名气大也有名气大的难处,玉鉴溪桥是水泥制西式风格的保龄球柱拱桥,横跨在轴线上,也会有人觉得稍显沉闷。但见一湖碧水托起一群假山盛景,可谓狮子林风水之核心。

园西部有卷棚歇山顶方形小亭,称"飞瀑亭",因亭南侧有一挂瀑布而得名。瀑布利用问梅阁屋顶放置的水柜收集四时之水,与下部垒石承接,山涧中出湖石三迭,下临深潭,水闸一开便形成三迭瀑布,随之流入园内主池,并参与到地下

狮子林飞瀑亭

狮子林花篮厅

水网的自然循环中。亭中有匾"听涛"，有石台石凳，坐在此间可静听流水飞溅之声，犹如欣赏着美妙的旋律，将园景的欣赏由视觉延伸到了听觉，形成了立体的观赏效果，达到"坐雨观泉"的意境。中国古典园林十分注重因地制宜，善于借用声音来丰富园景。夜雨蕉窗、风梳竹林、月出听香，山水清音……清幽的自然声响包容着静悟的人生哲理，是园林最美的情境。亭中楠木屏门，刻《飞瀑亭记》，记载主人贝仁元因久客海上往来贸易，在亭中听到昼夜不停的瀑布之声，仿佛听到了海涛声。这使他闻声不忘旧情景，又有忆苦思甜、居安思危的意思。此处飞瀑是苏州古典园林中唯一的一处三迭而下的水景，与九曲桥上的六角亭"观瀑亭"形成对景，处在水池之中，曲桥与两岸相通，是水面的主要景点。

园中部荷花池北，有荷花厅（花篮厅）临池而建，面荷花池，结构别致。荷花厅当中的步柱不落地，以垂莲柱代之，柱端垂有用黄杨木雕刻而成的四只花篮，分别为梅、兰、竹、菊。厅堂匾额"水殿风来"，"水殿风来珠翠香"（唐王昌龄《西宫秋怨》）、"水殿风来暗香满"（宋苏轼《洞仙歌·冰肌玉骨》），砖额之"襟袭冽芬"，襟怀盈溢芳香，都与荷香有关。厅南一池，夏日荷花凌波，清香飘溢，楼台亭阁，峰石叠嶂，倒映入池，随波摇曳，美不胜收。

另有砖额"缘溪"和"开径"，将意境扩展为无尘俗的隐逸之境。前者取意"缘溪行，忘路之远近。忽逢桃花林，夹岸数百步，中无杂树，芳草鲜美，落英缤纷"（东晋陶渊明《桃花源记》），到处是桃林、芳草和鲜花，一个令人陶醉的世外桃源正在等待着游人的光临。后者为《三辅决录》载：汉时蒋诩隐居后，曾在他的庭院的竹子下，开小径三条，只与求仲、羊仲两人来往。求、羊两位是逃名不出的隐逸高人。《群辅录》载：求仲、羊仲，不知何许人，皆治车为业，挫廉逃名。蒋元卿（诩）之去兖州，还杜陵，荆棘塞门。舍中有三径不出，惟二人从之游。时人谓之"二仲"。谢灵运有"惟开蒋生径，永怀求羊踪"。此亦指隐居之处，过从最密的朋友还是隐士，寓主人孤高自赏、不与世俗之人交往的高远情怀。

"泛舟游碧渚，避世作渔翁。试问千钟禄，何如一钓筒。"（宋丘葵《泛舟》）船舫是江南水乡特有的一种建筑类型，亦称画舫、后舫、船厅，因不能移动，又有不系舟之称。这是一种脱胎于真实画舫的园林建筑，常临水而设，作点景、观景、宴饮、品茗等功用，也寄托了园林主人对独善其身、渔隐江湖这一隐逸文化的精神追求。

元代狮子林原来并无石舫。民国初年，贝家在修建时为使邻水的"暗香疏影楼"有一过渡，显示出建筑层次感，故仿北京颐和园清晏舫而建石舫。贝仁元对船的感情是十分深厚的。这不仅因为他从事的生意与海运有关，还因为他生在水乡，对水乡风俗饮食有钟爱之情。贝家有厨师擅长烹饪船菜，主宾在石舫载体上享受船菜，正是富商追求高雅就餐环境和氛围的一种生活方式。这种生活方式是将时代精神融入文化审美的表达，而集中了工业时代产物的狮子林石舫，正是这一

透过狮子林石舫的彩色窗户看湖心亭

思想的体现。

写实主义的石舫横列池岸西北边，采用了当时先进的建材（如钢筋水泥、磨光石子、彩色玻璃、花阶砖），糅进了西方的装饰风格（如铸铁栏杆）。舫身四面皆在水中，船首有小石板桥与池岸相通，犹如跳板。船头向东，为平台，水泥地坪，主体为钢筋混凝土结构，门窗、挂落、装饰为木制。中舱、后舱均为两层，有楼梯相通，楼下彩色水磨石地面，前舱内檐装饰两隔扇、一飞罩。前舱、中舱间有一屏门，上镶嵌透明玻璃。中舱内檐有两隔扇、三飞罩，正中镶嵌长方形镜子一块。中舱顶为水泥平台，后舱两层为水泥圆弧顶。舫入口两侧有沈进顷书联"柳絮池塘春暖，藕花风露霄凉"，上联咏春台（石舫）游观之景，下联突出夏日赏荷之趣。

石舫制作精巧，造型逼真，细部花饰带有欧式风味，反映了民国初年的园林建筑风韵，也反映了主人贝仁元某种程度的"拿来主义"。不管是土产还是舶来品，只要好用，就拿来用，敢在古典园林里"画蛇添足"。不过，因该处水湾狭小，比例失衡，也常遭诟病。

"拙政山茶摧作薪，沧浪亭观飞灰尘。师林独有神物护，奇石自得天趣真。"（清袁学澜《狮子林》）狮子林池中观鱼，从最开始的僧人，到上面提到的徐贲，再到清代的袁学澜，包括如今孩子们最喜爱的，依然是依着紫藤廊，向池中投食赏鲤。

青石拱桥是狮子林最出名的古桥，名叫接驾桥，在乾隆

狮子林荷花池畔的紫藤长廊

皇帝南巡时重要的文献《南巡盛典》的插图中,就可以见到这座桥东西向横亘在水池之中。其名为"接驾",自然与帝王南巡驻跸有关。池水由此南去,再向东至黄石假山小赤壁。相传,乾隆帝每次到狮子林都要在这座桥上逗留,观赏风景,故此得名。过桥即是一架紫藤,花色蓝中带紫,有"紫气东来"的吉祥寓意,缠缠绕绕爬满花架,热烈而奔放。百年老藤与西部土山上的古银杏遥遥相对,成为全园春秋两季植物风景亮点。虽缀山不高,但洞壑盘旋,嵌空奇绝;虽凿池不深,但回环曲折,层次深奥,飞瀑流泉隐没于花木扶疏之中。斗转星移,岁月变迁,一隅池水折射着昔日的光华,沉淀着岁月的沧桑,积累着千年的悲喜,就是这样珍贵的文化景观,保留了中国人千百年来的文化记忆。

1949年以来第三次大规模的古典园林保护修复工作拉开序幕,苏州在百废待兴中抢救性修复了十二处重点园林,在改革开放后又抢抓机遇修复了十五座古典园林。这些散落于古城内外的园林群体的大量修复,使苏州这座"园林之城"的基本形态得到完好保存,其历史、文化、艺术价值得到进一步彰显,并为二十世纪九十年代中后期九座古典园林先后列入《世界遗产名录》创造了丰厚的实证。原真性、完整性、延续性,数千年的园林文脉在修复保护中得以延续。躬逢盛世是属于我们的时与势,万里路遥是赋予我们的担与责。这座鲜活的世界文化遗产,在悠悠岁月中承载着文化的传扬,也正吟诵着江南韵味全新的篇章。

或许有一天,偷得浮生半日闲,在时辰的涟漪上舞蹈,在情意绵绵的吴侬软语里,寻找你栖息的巢,随着漂泊的芸芸众生,便可浮游而去。

"凤来缘览德"：栖凤亭到修竹阁的演变

当游人按照游览路径游览狮子林行将过半时，走过百年紫藤架，视线会被假山所遮挡。这场景有点像桃花源记，初极狭，才通人，复行数十步，豁然开朗。随后就来到了修竹阁。

一、修竹阁的概况

修竹阁是一个跨涧水阁，正北悬挂"修竹阁"匾额，东西两面各有"飞阁""通波"两块砖额，很是点景。南面邻水的柱子上挂了"独倚修竹，相期谁来；闲看浮云，所思不远"的对联，这难道不是修竹阁的写照？这水阁倚靠着小竹林，等待游客的光临；进入修竹阁又是游园的最后一段，游客往往会在水阁中闲坐休整，抬眼便是缥缈浮云，这是游客得以修正心灵的空间。水阁南北两面没有阻碍，视野极广，可以看见两面园林风光。从修竹阁中望去，北面被假山包围，树木和假山之间可以看见一弯流水，与蜿蜒小路、假山石穴一起营造一种神秘幽深的意境；南面视野更为开阔，可以顺着水面看见对面的白墙和爬山廊，视野中可以望见黄馨、黑松和小赤壁，色彩丰富，饶有趣味。这里虽然名为修竹阁，但此地所能见到的竹子仅有其东南面20.68平方米的小竹林，若是对中国的竹文化了解不多，或是不了解狮子林历史的人，可能会对这个名字产生疑惑。

二、狮子林与竹的缘分

竹文化在中国历史悠久，早在旧石器时代，中国人就有用竹的习惯，因此，竹子可以说是中国的传统本土植被。在漫长的岁月中，竹子深入中国人生活的方方面面，普通百姓吃竹笋，穿竹衣，住竹坞，坐竹筏。竹子甚至成为中国文人寄托思想的一种媒介，文人们惯常在自己的作品中托物言志，通过将植物的特性与君子的品格进行连接来彰显人的品格，松、竹、梅、菊、荷等植物，就是文人作品中的常客。不论是四君子还是岁寒三友，我们都会发现竹的身影，这种外形俊逸的植物在中国两千多年的文脉中，持续受到文人的喜爱。

抽象的竹常见于文人的书画作品，具体的竹也总被文人

狮子林修竹阁

遍栽于寄托自己情志的园林当中。竹子受到文人的喜爱不无道理——竹子的外形高洁、修长挺立，颜色青翠欲滴，竹叶摩挲的声响也如同白噪声一般让人内心沉静。唐代诗人白居易认为竹"本固""性直""心空""节贞"（唐白居易《养竹记》），竹子的物理特性契合了君子们对个人德行的追求，北宋文豪苏轼就说过"宁可食无肉，不可居无竹，无肉令人瘦，无竹令人俗"，他对于竹的喜爱与对其意象的阐释影响着之后的文人对竹的审美。

竹子还有佛学意涵，我们常能在佛教寺庙中见到竹子的身影。狮子林是禅意园林，甚至最初都作为寺庙出现，与竹的联系与苏州其他园林不同，不仅仅出于传统文人精神寄托的考量，也因为竹子与佛教有着深厚渊源的缘故。竹子在佛教中被视为神圣之物，竹林也被认为是弘法的场所。东晋高僧法显将"竹林精舍"的典故从天竺带回中国，该典故又经由玄奘的《大唐西域记》被弘扬，竹林自此被认为是寺庙的前身：天竺的毗布罗山城北门一里多地有伽蓝陀竹园。伽蓝陀为城中长者，见到如来之后深信于如来的法理，让如来在竹林居住。按此说法，如来在世时多居住在这里。关于竹林精舍的典故还有其他多种说法，但不论是哪一种说法，竹林都是佛祖弘法的场所，之后佛教众像的出现也常与竹有关。柯九思的《竹林大士图》就让观音大士斜倚在巨石上，背后是陡峭的悬崖和一丛翠竹。惟则认为这样将观音和竹、悬崖结合的做法不仅让"墨竹妙天下"，画的观音大士成为"千百中

元柯九思《清闷阁墨竹图》（故宫博物院藏）

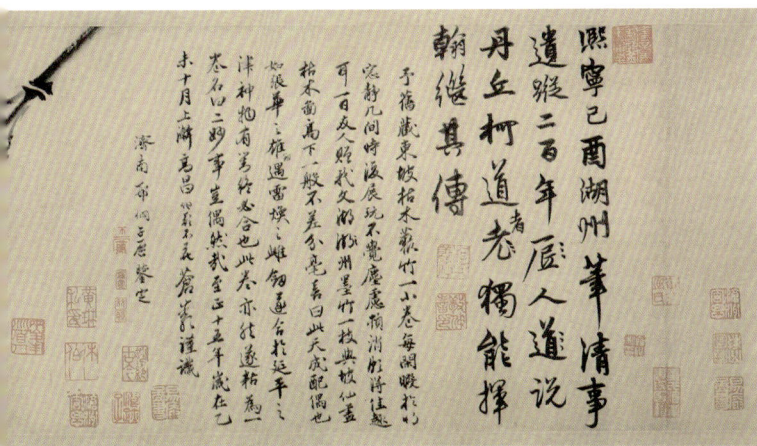

元柯九思《墨竹图》卷（上海博物馆藏）

之一也"，还让画意有了"出于丹铅粉墨之外者"，亦即所谓佛法的意味。

竹子在佛教中的象征意义与中国文人对它品性的提炼是契合的。竹子外形挺立，中空有节，象征坚韧不拔；竹子四季皆然，少花无香，不以物喜不以已悲，这也是禅修对自己内心的要求。对于法，不应求于外，只求于心，青青翠竹，尽是法身，法身无相，应翠竹以成形。凡此种种，都能体现竹子身上的禅理。佛教给竹子在中国的精神领域增添了更多的内涵，中国的禅师们以竹释禅，以竹喻禅，人们又常常在佛寺中见到竹，其禅意也逐渐为人所熟知。

狮子林能被惟则的弟子选中，不仅仅是因为原址那些假山石，也因为当时的狮子林"古树丛篁如山中，幽辟可爱"，遍地是竹，让此地有了山林野趣。天如禅师也会用园中的竹来阐释禅意，钱良石曾来狮子林拜访天如禅师，问禅师："西来意作么意生。"惟则则以"修竹不受暑"来止住提问者深入的念想。有石无竹，不会是惟则弟子心中的禅居之地，有石有竹才使禅意浓厚，让老师能在竹林深处感悟禅意，用竹子的禅意来点拨陷入妄念的人。

三、从栖凤亭到修竹阁

狮子林几兴几废，但它与竹的历史从未间断。在狮子林建造之初，"竹与石居地之大半，故作屋不多"（元欧阳玄

元倪瓒（款）《狮子林图》的卷首、卷尾皆点缀丛竹

《师子林菩提正宗寺记》)。在倪瓒的《狮子林图》中，出于构图的需要和考虑，虽然在画卷的中心，也就是园林中心的位置未能看见太多竹林，但这幅画卷的卷首和卷尾都有面积颇大的竹林，前后呼应，让观画之人能够以竹入画，并在竹子的陪伴下结束画卷的观赏，让人无时无刻不感受竹的禅意。这样的构图和布局，在中国山水画中，实属常用技法。

相比于倪瓒更得意趣而少形似的画风，元代画家徐贲所绘的《狮子林十二景》似乎更为写实，他笔下的狮子林处处见竹，小飞虹、指柏轩、吐月峰、师子峰都可见到竹子的身影，尤其是竹谷，更是被竹所包围。竹子从两大画家对狮子林的描绘可知，狮子林的竹元素是整个园林的一大亮点。

其实在"竹谷"之前，此地还有一个旧称，叫作"栖凤亭"。"亭临石磴容凤栖，涧接飞梁看虹浴"（元张兑《长句为天如老师赋》），当时因石磴被修竹环绕，中间水流蜿蜒而过，似凤凰栖居之地，园主遂在涧上建亭，名"栖凤"。竹是鸾凤之食，张九龄在咏竹诗中就说竹子是"凤凰佳可食，一去一来仪"，凤凰爱竹，故称此地为栖凤亭。虽说竹与凤的联系是从《庄子·秋水》中说到鹓雏"非练实不食"来的，似乎将凤、竹关联是道教的认识，但在中国，儒释道三教总是处于互相融通的状态，社会上逐渐形成一种凤凰非竹实不食的认知。此外，凤凰择竹林而栖，隐士也会选择清逸之所为自己的高蹈之地，徐贲在题《竹谷》这幅画时就认为"凤来缘览德，非为玉箫声"，凤凰来栖居于此地，是因为这里有德行高

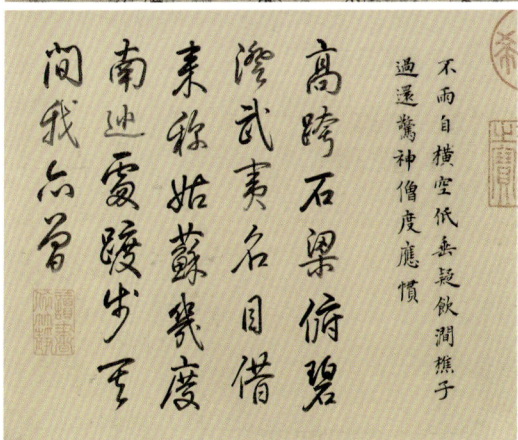

明徐贲《狮子林十二景·小飞虹》（台北故宫博物院藏）

高跨石梁俯碧
澄武夷名目借
来称姑苏几度
南迹霞踪步云
间我兮曾

不雨自横空低垂疑饮涧燕子
过还惊神僧度应惯

尚的天如惟则禅师，难怪禅修们会将此处命名为栖凤亭。

　　徐贲的画里，此景呈现的名称从"栖凤亭"变为"竹谷"，虽然在题诗中，竹仍然与凤产生关联，但凤的元素从此时开始逐渐淡去。改名的原因我们已经不得而知，或许是因为凤所找寻的天如禅师已经溘然长逝，他的禅居之地也因此坍圮荒废，栖凤亭自然不复存在；又或许是因为改名之人认为"竹谷"这个名字更能表现景的形貌。"竹谷"这个名字顾名思义就是满是竹子的谷地，明人王彝所写的《游师子林记》描述道："而其地特隆然以起为丘焉，杂植竹树。丘之北洼然以下为谷焉，皆植竹，多至数十万本。"竹谷之得名与它的外在特征有很大的关联，低洼的地方称为谷，在那里有"数十万本"竹子。竹谷之名很能体现竹子数量之多，明代高启在《师子林十二咏》中描述竹谷"万个竹修修，风生满谷秋"，当时的苏州城经历了元末明初的兵荒，大部分园林都破败凋敝，只有狮子林"泉益清，竹益茂，屋宇益完"，满谷修竹与风声交汇，鸣奏出秋天的乐章，这是狮林之幸，更是当时的竹谷魅力之所在。史料记载，此后修竹阁又两易其名，在清代许多诗人的诗中，他们都将此地称为"修竹谷"。1961年，周瘦鹃在《赏菊狮子林》中开始将此地称为修竹阁。虽然从清代开始，文人们在自己的作品中对狮子林竹子数量的记录越发减少，但狮子林与竹子的关系不会就此断绝，这个地方的名称也始终与竹有关。

四、作为异质空间的修竹阁

过去，栖凤亭的竹子不仅量多，而且让这里比其他地方更具有幽静的特点，乃至使这个地方成为园林中的异质空间。在物理空间上，大量的竹子使这个空间不容易被他人看见，加上园主人"笋出恐人来，编篱遮谷口"（《师子林十二咏》），有了门的限制，外来的游客就更加不会在没有园主人邀请的情况下进入这个空间，这个地方成为园主人的私域。每当外面宾客盈门时，主宾就可以"散入凤亭竹深处，石林分坐绕飞虹"（元释惟则《师子林即景十四首》），来躲清静。

目前留存下来的最早描绘狮子林的绘画是朱德润的《师子林图》，在他的描绘中，狮子林的竹林并没有体现出万竿绿竹的磅礴气势，也和倪云林画作一样，只是在卷首、画面中的几处假山旁可以看见分散的竹林。画家也没有展现竹林全貌，我们可以看见的更多的是从假山边缘探出的竹冠。这样的布景尽显画家的巧思，竹子不像假山那样是狮子林的绝对主角，它虽是配角但意义重大，象征着隐逸和避世的意象，对园主人是极其重要的，但又不应该轻易被外人发现，故而它在画中并不显眼，但都位于重要的位置。另外，在画面中似乎没有一处景真正符合史料对竹谷的记载，因此不能明确哪一处是竹谷，但画面中的每一处竹林因其隐蔽而都可以成为竹谷。徐贲的《竹谷》在处理手法上有与其类似之处。在徐贲描绘的《竹谷》中，竹谷仿佛处于深山密林之中，整个图画三

萬竹雲朝合孤亭月夜明鳳未
綠覽德非為玉蕭聲

幾个資簹致谷
深冊成徐貴巻
雲林明初元末
五百載介节依
然直頭蟄森

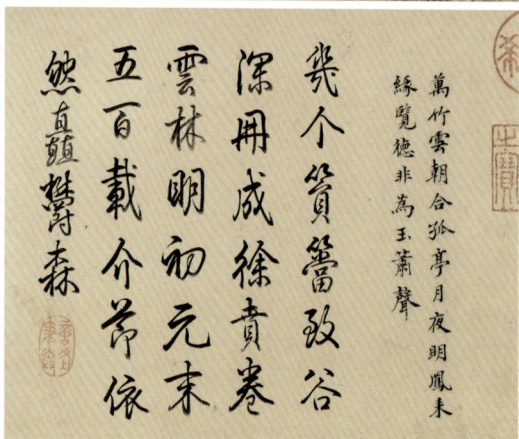

明徐贲《狮子林十二景·竹谷》（台北故宫博物院藏）

面被竹子所包围，画面两侧有高大的山石，中间的溪水和山石、竹林一起阻碍着外人的进入，观画之人也只能从茂密竹叶的缝隙中一窥竹谷的面貌。徐贲曾在图跋中告诫我们，"余因用写图意，初不较其形似，他日观此者，幸勿按图索骏，当求我于骊黄之外"。在园林中自然是不能见到徐贲绘画中这样的场景的，中国园林画很大的特征就是画家常会将自然山水场景搬入园林场景中，以体现园林的天然意趣，即使是相对写实的徐贲的《狮子林十二景》也不能幸免。但我们依然能从画面本身之外看出画家想要传达的意趣：假山竹林营造出隐逸山林的氛围，一湾碧涧使此地更难与外界相通，避世之人一定能在这里找到内心的安定。

清代潘耒给修竹谷题的诗"寒碧映篱根，解箨山前后。扶杖讯东桥，寺门迷谷口"，展现的是有小溪、小桥、竹篱、竹林、竹笋的这样一个空间，"迷谷口"又给人一种印象，修竹谷这个空间有其特异性，进入这个"谷口"会有和进入寺门不一样的感受，因此才会给人"迷"的错觉。竹子在狮子林中围隔出园主人的私人空间，也像是主人的密友，园主在竹子的身边找到了内心的宁静。

如今，修竹阁边竹林面积甚小，仅水阁东南边的一小片可见竹子。竹子数量的减少，让其能够异于园林其他空间的能力减弱，但同时让这个景点和其他园林景色更加浑然一体。如今修竹阁的模样实际是依据民国时期的旧貌复原的，我们如果去看留存下来的老照片（1940年阮勉初《园庭画萃》收录），会发现当时修竹阁整体形制与现在相同，只是如今那片竹林在当时是一块荒地，现在这些细瘦的佛肚竹应当是后来种植的。竹子的寿命最多也就一百多年，即使不受任何外界影响，狮子林的竹子也早已换过几批了。中国园林本身就像是忒修斯之船，虽然修修补补，面貌甚至大不相同，但只要其真意还在，就仍然是最本初的园林。而且现在的修竹阁是松、竹、石、水、阁的完美结合，难道不体现白诗那句"阁前竹萧萧，阁下水潺潺"？难道不正是计成"槛逗几番花信，门湾一带溪流，竹里通幽，松寮隐僻，送涛声而郁郁，起鹤舞而翩翩"这一园林美学的真实体现？修竹阁的真意在过往近七百年的历史中已沉淀。到如今，狮子林处处有竹，修竹阁边竹林并非唯一，也并非面积最大的一块，但其能成为"修竹阁"更多是因为历史原因。竹之禅意我们既可以从无数诗画中细细品味，也可以从自己的内心找寻。入山何必深，入林何必密？

"最爱轩前千岁柏"：指柏轩

指柏轩位于元代假山遗址北，是一座体量宏阔的两层歇山建筑，屋角飞扬，端正宏丽，为园内正厅。从东侧经典的海棠门洞步入指柏轩庭院，脚下是十字穿海棠纹花街铺地，寓意为春色满园。院内两棵高大的广玉兰，浓荫如伞，花色洁白，与指柏轩高大的体量相映衬。两棵四季常绿的金桂，姿态

阮勉初《园庭画萃》中的修竹谷（1940年）

狮子林指柏轩东面的海棠门

纤秀，与广玉兰俯仰相生，寓意为金玉满堂。指柏轩庭院清幽静谧，在此可直追建园之初的禅林意境。

《师子林菩提正宗寺记》记载，元代寺园一体的狮子林，其左右前后，"竹与石居地之大半，故作屋不多，然而崇佛之祠、止僧之舍、延宾之馆、香积之厨、出纳之所，悉如丛林规制"。其中，"庭旧有柏曰腾蛟，今曰指柏轩"。《师子林菩提正宗寺记》为元代著名文学家、欧阳修后裔欧阳玄根据寺僧克立（卓峰）撰写的园林事状而写，于狮子林建成后的十三年（至正十四年）完成。克立为惟则弟子，后来传承衣钵，成为狮子林第二任住持。

佛教中有"一花一世界，一叶一如来"的说法。当时园内最著名的两棵植物景观，便是"腾蛟柏"与"卧龙梅"，树龄已过二百年，为宋代贵家别业遗存，"老梅古柏盘蛟龙，总是禅机无彼此"（清胡震《短歌行为师子林赋》）。梅与柏，便成为禅林教义的化身，既是禅观的对象，也是禅宗公案中参究的对象，蕴含禅意佛理。

"腾蛟柏"的禅机，来自"庭前柏树子"这则著名的禅宗公案故事，出自禅宗大德赵州从谂禅师。禅史记载，赵州从谂禅师，是唐代一位"机锋凌厉"、高寿有德的禅宗泰斗，得法于南泉普愿禅师。因普愿禅师传法于马祖道一，故他也是马祖道一的"法嗣"、禅宗六祖惠能大师之后的第四代传人。

从谂禅师被称为"苦行僧第一"，八十岁时，结束"随缘任性""周游烟水"的行脚游方生活，来到位于河北赵州的观音院（今柏林禅寺），驻锡传法长达四十年之久，弘法利生，备受尊崇，春秋一百二十岁，时人尊为"赵州和尚"或"赵州古佛"，谥"真际大师"。赵州禅师的言行大多记载在赵州弟子文远记录的《赵州和尚语录》中，最为著名的当为赵州禅师的"公案语录"，许多人在赵州语录的启发下明心见性。脍炙人口的"吃茶去""洗钵去""庭前柏树子""狗子无佛性"等公案不仅启悟了当时的许多禅僧，而且流传后世，历久弥新。

"如何是祖师西来意？"是禅宗里很多人所参解的一个问题，赵州禅师这则公案故事意味深长，广为传颂：

> 师上堂谓众曰："此事的的，没量大人，出这里不得。老僧到沩山，僧问：'如何是祖师西来意？'沩山云：'与我将床子来。'若是宗师，须以本分事接人始得。"时有僧问："如何是祖师西来意？"师云："庭前柏树子。"学云："和尚莫将境示人。"师云："我不将境示人。"云："如何是祖师西来意？"师云："庭前柏树子。"（《赵州和尚语录》卷上）

"平常心是道，本分事接人"，是赵州禅师传播的禅学观，他常说，"老僧只以本分事接人"。在回答"什么是达摩祖师从西方来东土所传授的佛法真意"这个问题时，他与唐代沩山禅师一样，用看似非理性、反逻辑的回答，接引僧众直接

《从谂禅师》(《佛祖道影》)

地领略万物，佛法无处不在，眼前所见即是，庭前柏树即是。这种以"本分事"接引人的方法高峻、高明，使"柏树子"话头不仅成为后来的参禅者苦下功夫的"活句"，亦是禅宗内脍炙人口的千古绝唱。

以"腾蛟柏"为主题的"指柏轩"，在古画和诗文中都有描绘。元倪瓒《狮子林图》中，玉鉴池、腾蛟柏、卧龙梅，以及一组简朴的禅室法堂屋宇清晰可见。两棵高大的柏树，在画面正中心，主干粗壮挺拔，高耸入云，枝条虬曲苍劲，杈桠形似龙爪，向天伸展，恰如蛟龙腾跃，充满张力。近旁便是指柏轩，为僧人参禅悟道之所。倪瓒图中的这两棵古柏，在几乎同时期的王彝及徐贲的记录中，则重点描述了一棵。王彝《游师子林记》："堂之南为卧云室，又南为指柏轩，其循麓而西者至问梅阁。问梅与指柏相直。梅与柏各一，皆相结为蛟虬，其寿几二百年。柏之南有池，曰玉鉴……"

徐贲《狮子林十二景》中，指柏轩建于方正台基之上，草棚虽简，也为歇山制式，为园内主要建筑之一。画面中，指柏轩周围景致与今日环境几无二致。轩南"玉鉴池"亦为围栏方正的池塘，池旁假山上，腾蛟柏老树盘枝，势若飞舞，仡立在怪石嶙峋的假山一角。今日指柏轩南，方池如旧，只是围栏与石拱小桥，换成民国风格，精致典雅。过桥即是洞壑错杂的元代假山遗址。假山上峰石林立，石笋高耸，古树摇翠，松柏相间，尤以几株虬曲多姿、向天而伸的古柏引人注目，历经沧桑的古柏死而不倒，枯而不朽，正是元代指柏轩的立意与来历。

元倪瓒（款）《狮子林图》中树木森森，有柏树、梅树等

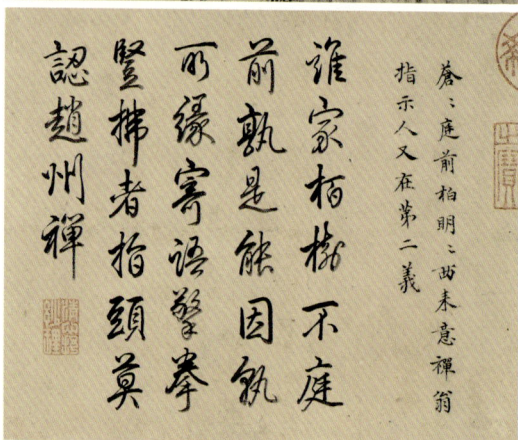

指柏轩

昔三庭前柏明三
指示人又在第二義
出未意禪翁

誰家柏樹不庭
前既是能因既
可緣寄語擊拳
竪拂者指頭莫
認趙州禪

明徐賁《狮子林十二景·指柏轩》（台北故宫博物院藏）

清阴护燕几，中有忘言客。

人来问不应，笑指庭前柏。

……

古柏昼阴阴，当轩岁月深。

山僧长笑指，应解识禅心。

……

青青柏树枝，累累柏树子。

此意已自知，何待分明指。

苍苍庭前柏，明明西来意。

禅翁指示人，又在第二义。

——高启等《师子林十二咏·指柏轩》节选

　　《师子林十二咏·指柏轩》为明代诗人合咏之作，最后一首的作者，为明代黑衣宰相姚广孝，也是他将此诗题于徐贲《狮子林十二景·指柏轩》上，说的是庭前青翠的柏树、累累的柏子本身，便是祖师西来意的显现，天如惟则禅师为何还要"指柏"呢？这首诗为我们描绘了惟则禅师在狮子林中接引僧众的场景，"有问无言答，直指破诸妄"。禅师无言笑指庭前柏的动作，为僧众解惑破妄，悟禅心，入禅境，直入菩提之路。

　　乾隆帝随后题写的"谁家柏树不庭前，孰是能因孰所缘。寄语擎拳竖佛者，指头莫认赵州禅"，则是他以一代帝王的居高豪迈，同样以禅宗思辨而风趣的方式，告诉学佛者要明心见

狮子林指柏轩前假山上的古柏

性，即便是名僧所言、著名公案所指，也不必遵循理会。

禅者的修行，体现在日常生活的行住坐卧。

> 指柏轩中六七僧，坐忘忽怪异香生。
>
> 推窗日色暖如火，薝葡花开雪一棚。
>
> ——释惟则《师子林即景十四首》节选

惟则的诗，生动呈现了僧人们的禅居生活。炎炎夏日午后，六七个僧人正在指柏轩中打坐参禅。渐入禅境时，一袭浓郁的花香突然打动心神，推窗望去，原来是一棚洁白如雪的薝葡花悄然盛放。薝葡花，一说为栀子花，香气纯正，被誉为"花中禅友"。南宋王十朋《书院杂咏薝葡》："禅友何时到，远从毗舍园，妙香通鼻观，应悟佛根源。"指柏轩外，禅林花香宛如天然的佛香，闻"妙香"，有助参禅悟道。如今，指柏轩东窗外，也植有一丛栀子花，夏日清香扑鼻，"六出一花重叠瓣，净土家风"。

如今的指柏轩，已不复惟则参禅时的简朴样貌，一楼为三开间的四面厅，正面悬挂"揖峰指柏"匾额，为近代著名学者、藏书家、书画家、文博鉴赏家王同愈七十四岁时所书。王同愈（1856—1941），字文若，号胜之，又号栩缘、栩园，吴县（今江苏苏州）人，光绪十五年（1889）进士。曾官任翰林院编修、湖北学政兼两湖大学堂监督等职。返回故里后，热心地方教育，兴办新学，辛亥革命后退隐嘉定。王氏学养渊博，兼通西学，能书善画，书法长于楷、行、草书，取法智永、欧阳询、褚遂良，工稳谨严，柔美秀婉。行书攻学王羲之、赵孟頫，灵扬多姿，名重一时，顾廷龙为其外侄孙。狮子林花篮厅屏风背后的书法作品《乐至论》也出自王同愈之手。

指柏轩在民国时，依循故址加以重修，虽然实际位置与元代指柏轩的已相去甚远，但奇峰与古柏依旧是焦点。"揖峰"二字，以宋代文人米芾拜石、向"石丈"作揖的典故，点明轩前也是佳石甚多、奇峰林立，令石痴叹服。文人拜石，禅僧指柏，狮子林既是文人雅士博雅好石、乐而忘返的城市山林，也是来源于禅师僧众静修参悟、沉浸佛法的禅意园林，"揖峰指柏"呈现了儒释相融的新内涵，正如王同愈在匾额题跋中说："一园之眉目，命名主旨，其在斯乎。"

匾额下屏风正中悬挂着由数名现代苏州著名书画家联袂所作的《寿柏图》。1988年春节期间，狮子林举办了迎春时令花卉雅集，张辛稼画红梅、吴䍩木写古柏、徐绍青绘湖石、费新我题记。画面中，苍劲的古柏，顶天立地、雄立千秋，尽显磅礴气势，湖石则润泽玲珑，奇巧多姿，横斜的红梅开出清逸的花朵，枯荣相对，焕发新生。狮子林老梅古柏的历史意蕴和峰石奇巧的个性特点被展现得淋漓尽致。

图画两侧悬挂对联一副："看十二处奇峰依旧，遍寻云虹月雪溪山，最爱轩前千岁柏。喜七百年名迹重新，好展朱赵倪徐图画，并赓元季八家诗。"此联为近代书法家钱经铭所写，笔法淳古遒健，风神流丽。联有题跋："润生先生重葺狮

狮子林指柏轩中堂的《寿柏图》为苏州多名画家联袂创作

子林，属题指柏轩柱铭。"这副1935年由姚宝燕撰文、钱经铭书写的对联，正是为指柏轩量身打造的。上联描绘轩前峰石古树，叹各处胜景都不如古柏令人钟爱，下联赞民国园主贝仁元修葺园林的功绩，如今也可在园中展阅朱德润、赵原、倪瓒、徐贲的画作，唱和高启、张适、王行、谢徽、申屠衡、张简、陶琛、姚广孝八位诗人的《师子林十二咏》，赓续历代诗人画家雅集狮子林的传统。

经民国贝氏修建的指柏轩带有浓郁的中西合璧色彩。轩四周不设墙体，开阔通透，东西两侧林木葱郁，门前胜景，触目可及。周围木制槛墙上方，是镶嵌着彩色玻璃、独具特色的支摘窗，左右各三十六扇，前两侧各十六扇，门顶四扇，共一百零八扇。支摘窗亦称和合窗，上部可以支起，下部可以摘下。光影缤纷，令人仿佛置身渐变多彩的空间之中。

落地长窗门的裙板上浮雕着欧式古典麦穗宝石纹样。麦生九穗，有丰收富饶、岁岁平安、财源广进、平安顺遂之意，象征事业生生不息、茁壮发展，同时寓意着家庭幸福圆满。无论是传统支摘窗与西洋彩色玻璃的结合，还是落地长窗与欧式纹样的结合，都与园主贝仁元的沪上生活经历有关，也是受到上海西式古典建筑影响的结果。指柏轩里，儒释相融，中西合璧，狮子林多元统一的文化特征可见一斑。狮子林历经元代到近代六百余年的历史累积，形成了丰富而独特的文化内涵。

轩内陈设典雅大气的清式红木家具，正中放置一张稳重

狮子林指柏轩内落地长窗门裙板上的图案

端庄的翘头案，案上供石一块，配红木底座，有寿石之意，旁边的红木大理石插屏，山色氤氲，气若云水，上有题款"松际露微月，清光犹为君"，语出唐代诗人常建《宿王昌龄隐居》。古雅小巧的天然石画，为造化所成，非笔墨所能绘就，深受文人雅士喜爱。案上还有束腰铜瓶一个，寓意为平平安安。

天然几两侧各有身姿修长的花几一个，陈设时令花卉以增加轩内生机。天然几前是低一些的长条供桌，两旁各一把太师椅，透雕灵芝如意纹，靠背镶云石，敦厚沉稳，供主人与贵宾落座。中间两张红木半圆拼桌，可拆可合，灵活方便。两侧各一组太师椅、茶几。靠墙有方桌、太师椅，整体家具陈设规整严肃，具有厅堂礼制。

轩正中还有铜鼓一面，高约三十厘米，直径约五十厘米，体型凝重，形象精巧。鼓面、晕圈和鼓身均有精致的图案花纹。鼓面中心饰十二芒太阳纹，外围晕圈间饰西字纹、云纹、乳钉纹、栉纹、游旗纹等，鼓身饰乳钉纹、云纹、栉纹、回形雷纹、复线角形纹等。四耳，每耳有三穿，整体采用范铸法合铸而成，是较典型的麻江型铜鼓。

铜鼓起源于西南少数民族地区，从最初的炊具、打击乐器，到军队发号施令的战鼓，逐渐演变为象征地位、王权的"重器"，祭祀时必不可少的"礼器"，具有神秘色彩、可以降妖伏魔的"神器"，如今，已成为一种综合性的古代艺术欣赏品。该铜鼓为贝家所藏，作为古董文物陈列在园林厅堂中，增添了古朴悠远的历史气息。

狮子林指柏轩内陈设的铜鼓及鼓面纹样

狮子林指柏轩内裙板木雕：羲之戏鹅、茂叔爱莲、云林洗桐、渊明采菊

轩北屏风两侧，各有两扇雕刻精美的银杏木槅扇，是不可多得的精品。裙板正面分别刻有"羲之戏鹅""茂叔爱莲""云林洗桐""渊明采菊"四个古代著名文人逸事，风雅流韵，耐人寻味。古人从自然物象中感悟艺术精神：书圣王羲之从鹅的优美形态上领悟书法运笔的真谛，周敦颐《爱莲说》广为传颂，陶渊明"采菊东篱下，悠然见南山"的隐逸情怀，也是园林精神的写照。

　　最值得一提的，当数"云林洗桐"。狮子林因倪云林作图而声名远播，"云林逸韵"流传至今。"云林洗桐"的传说故事，与其珍藏古玩书画的别墅清閟阁有关。传说，一位曾收留他避居、对他关照有加的客人，在造访清閟阁时，偶然一唾。倪云林当即命仆人找寻痰渍，仆人遍寻不着，他就亲自寻找，终于在梧桐树根下发现痕迹，遂令人洗桐数次。客人"大惭而出"。记载这桩遗事的明代王锜点评道："倪云林洁病，自古所无。""倪迂"的迂腐固执纵然让世人不解，但也因其高洁，在元末乱世纷争中，在和污秽世界的抗争中，为自己留下了一处不染尘埃的精神家园。恰如禅宗说："时时勤拂拭，勿使惹尘埃。"倪云林在明清以来的艺术家中，堪称人格典范，其外在的"洁癖"，更衬托其心性上对洁净光明的追求。

　　裙板背面刻有峰石花卉图案。绦环板正面的人物雕刻栩栩如生，亦是古代文人士大夫雅逸生活的生动写照。绦环板反面的梅兰竹菊、隔扇上部的松鼠葡萄雕刻，皆雕工精湛，刻画生动。屏风背后的青铜器拓片，古色古香，可发博古之幽情。

屏风背后有楼梯可上二楼，名"听雨楼"，因民国园主贝仁元曾在这里收藏了《听雨楼藏帖》石刻拓片而得名。在狮子林长廊的墙壁上镶嵌有以《听雨楼藏帖》为主的七十一方书条石。《听雨楼藏帖》是历代名帖之一，共四卷：卷一是褚遂良、颜真卿和蔡襄；卷二是苏轼、苏辙；卷三是黄庭坚；卷四是米芾、赵孟頫。该帖均属于"二王"体系，婉丽清媚，富有飘逸之气。由清周於礼收藏编集，金陵穆文、宛陵刘宏智镌刻。摩勒精到，与千墨庵、寒碧庄等法帖齐名，为收藏家争相求觅的艺术珍品。

周於礼（1720—1779），字绥远，号立崖，又号听雨楼主，云南峨山县双江镇人，乾隆十六年（1751）进士，后官至大理寺少卿。善书法，精鉴赏，富收藏。嘉庆时精选所藏唐、宋、元历代书法名家作品真迹，钩摹勒石作《听雨楼藏帖》十卷传世。道光年间，石由吴中顾南雅所藏，但无拓本。民国年间，狮子林园主贝仁元经寻访得知，《听雨楼藏帖》的原石为沈宝兼所有，才以重金购回，嵌于廊间，并将其拓本藏于指柏轩之上的听雨楼中。民国之前的狮子林，仅有碑记，没有书条石，碑刻也仅存断裂了的乾隆御碑。园归贝氏后，于1918年至1921年之间，才在廊壁增设了书条石。

听雨楼上悬白底黑字"一峰独秀"匾额，由我国著名历史学家、教育家、社会活动家周谷城题写，苍劲洒脱，点明了狮子林以峰石秀美之姿卓然独立于苏州古典园林之中的突出特色。楼中凭窗眺望，可见群峰环绕，怪石林立，卧云室隐现

狮子林《听雨楼藏帖》书条石

狮子林指柏轩廊外竹林

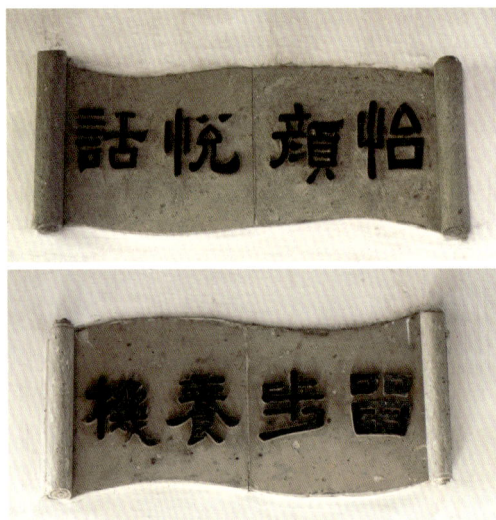

狮子林指柏轩廊外砖额"怡颜悦话""留步养机"

其中，在峰石环抱、竹树掩映间，仅露飞檐一角，犹抱琵琶半遮面，古朴精致，神秘悠远，尽显山林禅意。

指柏轩四周有回廊环通，外有栏杆，轩廊挂落纹饰精美，方胜套菱形芝花、圆孔十字纹，典雅别致。西侧竹林青翠茂密，倪瓒曾描述狮子林里"密竹鸟啼邃，清池云影闲"，在此可品诗中意境。轩廊北端，东西两侧的书卷形砖额上，分别刻有"怡颜悦话""留步养机"四字，这是江南私家宅园中的"温馨提醒"。"怡颜悦话"指待人接物，要始终和颜悦色，友善亲和，保持身心愉悦。"留步养机"，既指此处偏僻可停下脚步，无需前行，也告诉人们适可而止可颐养身心。

狮子林建筑中的皇家元素

清代初年，因为乾隆帝南巡数次巡幸狮子林，狮子林一时蜚声海内。出于对苏州狮子林和倪云林《狮子林图》的喜爱，乾隆皇帝先后在圆明园的长春园和承德避暑中复建了两座"狮子林"，苏州园林在皇都京城、在北方政治中心留下了深深的印记，影响至巨。天下"三狮竞秀"，也成为中国建筑史上的一段佳话。

虽然圆明园在1860年被英法联军付之一炬，劫后的圆明园遗址公园中，依然留存一些当年长春园狮子林的旧物。也有学者根据历史文献的记载和残存文物的保存情况绘制了长春园狮子林的复原图。文园狮子林至今依然是避暑山庄中的一个重要景点，以其独特的江南韵味，向世人展现着苏州古典园林的艺术魅力。

一、御碑亭

苏州的狮子林因为乾隆皇帝的巡幸、驻跸，园中自然也少不了这位喜爱诗画的风雅君王的印记。乾隆二十七年（1762），他游览苏州狮子林，所作的《仿倪云林狮子林图》"命永藏吴中"，只可惜皇帝御笔的摹本今日早已不见流传。皇帝亲笔书写的御制诗作，在当时很快就被刻成"御碑"，成为狮子林中的重要景观。在《南巡盛典》的插图《狮子林图》中，就可以清晰地看到，园子里有"御诗楼"和"御碑亭"。御诗楼今已不存，但乾隆皇帝的御碑得到了很好的保存，今天依然是狮子林中的一处重要景点。

现在的乾隆御碑亭位于正气亭东，是狮子林南面爬山廊中最东的亭子。平面呈长方形，半亭，攒尖顶，东西两侧与廊相连，北有坐槛。因亭西墙嵌有乾隆诗碑而名。乾隆御笔《游狮子林》，1982年重刻。从乾隆《南巡盛典图》可知，原来的御碑亭应该在现在湖心亭的位置，面阔三间。当年乾隆皇帝写这首诗的地方叫作御诗楼，是现在指柏轩的位置。清末，御碑亭破败，御碑残存，现在的御碑亭是贝氏重修狮子林时新建的。"文革"期间，御碑再次被破坏，一断为三。现在嵌在墙中的御碑，是"文革"之后在原来的断碑上拓下重刻的，

《南巡盛典》中《狮子林图》的"御诗楼"和"御碑亭"

狮子林乾隆御碑亭
中的御碑

但碑座碑顶还是旧时原物。

这首诗是乾隆帝第二次南巡、首次游览狮子林时写下的，诗曰："早知狮子林，传自倪高士。疑其藏幽谷，而宛居闹市。肯构惜无人，久属他氏矣。手迹藏石渠，不亡赖有此。讵可失目前，大吏称未饰。未饰乃本然，益当寻屐齿。假山似真山，仙凡异尺咫。松挂千岁藤，池贮五湖水。小亭真一笠，矮屋肩可倚。缅五百年前，良朋此萃止。浇花供佛钵，瀹茗谈元髓。未拟泉石寿，泉石况半毁。西望寒泉山，赵氏遗旧址。亭台乃一新，高下焕朱紫。何幸何不幸，谁为剖其旨。似觉凡夫云，惭愧云林子。"从诗的内容，我们可以看出乾隆帝通过倪瓒的画"早知狮子林"，在这儿见到了"松挂千岁藤，池贮五湖水"与"假山似真山"，"疑其藏幽谷"哪知它却"宛居闹市"之中，胜似人间仙境，在造园手法方面与"亭台乃一新"的寒山别业相比，是"未饰乃本然"的人与自然完美合一的佳作。乾隆帝御笔的这首《游狮子林》作为狮子林的历史记载，无疑是园史的重要部分，有着不可低估的历史价值。

从御碑亭的这首诗得出结论，乾隆帝是通过倪瓒的画而得知狮子林的，这幅画就是著名的《狮子林图》。乾隆帝对狮子林意象的最早认知显然来源于此图，他在《倪瓒狮子林图》一诗中写道："借问狮子林，应在无何有。"后来自己也用诗句解释了这个问题"盖彼时不知即在苏城"。也就是说，最开始乾隆皇帝并不知道狮子林是真实存在的。诗中还写道"苍苍图树石，了了离尘垢"，表达了对此图的极大赞赏，并认为是倪瓒具有的一定佛性是助其完成此佳作的一个重要原因。

二、真趣亭

真趣亭在狮子林中,以其金碧辉煌的建筑装饰而受到现代游客的关注,特别是"真趣"匾额四周鎏金的蟠龙纹饰,无不向世人昭示着它与皇家的一层渊源。说起真趣亭的来历,要追溯到乾隆二十七年壬午(1762)乾隆帝第三次游赏狮子林,赐黄氏"真趣"匾额,并题诗三首。也就在这一年,园主人黄轩高中状元,遂在"精修府第,重整庭园"时,在园中增建真趣亭。至于坊间所传的故事,说乾隆皇帝穿行在假山"迷宫"中,不觉兴之所至,题写"真有趣",黄氏求得御赐"有"字,亭子遂名为"真趣"。之后,黄氏强取豪夺,据为己有的说法,实乃荒诞的无稽之谈。

"真趣"二字,取自宋代苏州太守王禹偁的诗句"忘机得真趣,怀古生远思",意思是自由恬淡与世无争,陶然忘记,就能悟得山林的天然野趣。当时的狮子林以园之幽静、山之奇趣、门庭之高耀而盛名。乾隆帝题写"真趣"二字,正是赞誉狮子林石峰俯仰多姿,石洞剔透玲珑,"假山岁久似真山",赞誉园中山水相依自然天真、野趣盎然。乾隆帝迷恋狮子林的景色,认为这里的一树一峰都入画意,才会留下"一树一峰入画意,几湾几曲远尘心。法王善吼应如是,居士高踪宛可寻。谁谓今时非昔日，端知城市有山林。松风阁听松风谡，绝胜满街丝管音"。

真趣亭采用的鎏金是一种等级极高的装饰手法。这种工艺由于造价高、程序复杂，且呈现出的效果极为华丽，一般只为少数重要的寺院、宫殿等等级较高的建筑所用，以象征宗教、政治权利，标志等级。因此，真趣亭堪称狮子林最富丽堂皇的建筑。该亭建于清代，依水面南，是观赏水池、假山及休憩的绝佳之处。整个亭子金碧辉煌，精雕细琢，充盈着皇家气息，这都缘起于真趣亭隔扇上方悬挂的乾隆帝御笔"真趣"匾。该匾装饰有盘龙纹，龙是中华民族的图腾，在古代更是天子皇族的象征，是九五之尊，在神话故事中龙也是神兽之首，权势是非常大的。该匾额蓝底上的鎏金大字"真趣"也十分令人目眩。亭内还有秀才帽、精细的木刻屏风等装饰，着实为狮子林这座私家园林增添了许多皇家附加值，也为世人留下了许多关于乾隆帝喜爱狮子林的精彩故事。

真趣亭南面挂落装饰有鎏金双龙戏珠，双龙戏珠雕花表现的是两条龙戏耍（或抢夺）一颗火珠的画面。它的起源是中国天文学中的星球运行图，火珠是由月球演化来的。从西汉开始，双龙戏珠便成为一种吉祥喜庆的装饰图纹。双龙的形制以装饰的面积而定，倘是长条形的就如真趣亭挂落上的面积，两条龙便对称状地设在左右两边，呈行龙姿态；倘是正方形或是圆形的，两条龙则是上下对角排列，上为降龙，下为升龙。不管是何种排列，火珠均在中间，显示出活泼生动

趣

园居日涉来者可追

浩刦空跧畸人獨远

自皇皇
長竹竹信身合補供
建咸鬼趣亭賜保月

狮子林真趣亭

的气势。这种源于民间的二龙戏珠雕刻形式，有着喜庆丰收、祈求吉祥的美好愿望。真趣亭挂落上的双龙戏珠两边还在挂落尾部各雕刻有一只凤凰。凤凰是一种代表祥瑞的神鸟，象征吉祥和谐，也是传说中的百鸟之王。这个挂落上的雕花不仅表现了双龙戏珠，也表现了龙凤呈祥，表现形式十分讲究。龙是众兽之君，凤是百鸟之王，龙的高贵和凤的美善相得益彰、和谐统一，为真趣亭的富丽堂皇更添一份高贵祥瑞的美好寓意。

三、接驾桥

位于扇亭前的一座青石拱桥是狮子林最出名的古桥，名叫"接驾桥"。该桥是当时的园主、状元黄轩每次迎接下江南来狮子林游览的乾隆皇帝所用的接驾之桥，乾隆皇帝每次到狮子林都要在这座桥上逗留，观赏风景。接驾桥为苏州古典园林中最具规模的桥，桥身长10.7米，宽2.55米，桥顶与水面平均垂直距离为1.2米，是狮子林旧物。接驾桥东侧紫藤架一座，位于群山的西南角，每到春天紫藤花开时，便是狮子林里不容错过的一抹春季靓景。乾隆皇帝也有紫藤诗传世："紫藤花发浅复深，满院清和一树阴。尽饶袅袅琅嬛态，安识堂堂松柏心。"诗句描写了紫藤颜色的变化，和与树叶一起给人带来的凉翠。如此美妙之景，让人产生一种犹如游玩逍遥之境的惬意心情。

狮子林接驾桥

狮子林的禅意文化和儒家文化

在园林之城苏州，每座古典园林都有一个营建的主题，而狮子林是唯一的禅意园林。建园之初，天如禅师以"师子林"命名，既表达了临济禅宗的宗教旨意，又表明了自己得道于杭州天目山狮子岩衣钵正统，不忘根本。如今，六百余年过去了，它依然处处禅意，其精神最直接的体现形式即在园内建筑的名称上，这些名称犹如禅宗的话头，或取自赵州指柏、马祖问梅、程门立雪等著名的禅宗公案，或暗藏禅宗觉悟的机锋，蕴含着无尽禅意妙趣。尤其在群峰环抱中的卧云室，以及问梅阁、立雪堂，都将这份禅意演绎得出类拔萃，引人深思。

明徐贲《狮子林十二景》引首乾隆皇帝题"香界传真"

"白云长共我"：卧云室的禅思

一、卧云室之名

卧云室早在天如禅师建造狮子林时就有，有介绍说，"卧云"语出金代元好问《题张左丞家范宽秋山横幅》句"何时卧云身，团茅遂疏懒"，又如《旧唐书·隐逸传》写卢鸿"隐居以求其志……云卧林壑"，均带有"隐逸""出世"之意，与禅宗隐遁山林，崇尚自然的精神相契合。此外，"卧云"与禅宗的一则著名公案也有关系，典出于《明觉禅师语录》卷四。话说北宋太宗时期，"因僧朝见，帝（宋太宗）问：甚处来？云：'卧云来。'帝曰：'朕闻卧云深处不朝天，为什么却到这里？'（雪窦重显）代云：'难逃至化。'""卧云室"之名，可谓匠心独具，一语双关，既点出了园主人卧居云烟、栖心山林之意，也凸显出其"卧云深处"、无有染著的心灵天地，引领着人们去感悟微妙不思议的境界。

然而，在狮子林，想到达这个无有染著的卧云室并非易事。游人从"揖峰指柏"轩入口进入主假山，往东一路顺畅，却离假山中心越走越远，卧云室可望而不可即，最后通向修竹阁；往西则以蜿蜒曲折的路径引导游人经幽深而开阔，最终来到假山中心处的象征禅境的卧云室，产生"柳暗花明又一村"的心理感受。似乎，惟则在造园之初就有意用太湖石灵性通透、形态如云的特点，取中国画中山石的"卷云皴"技法，引云之洁白悠哉，云开雾散的喻义，让人们感受忽明忽暗、起承转合的空间序列，最后于刹那间豁然开朗，产生妙趣横生，空、灵、幽、寂的禅悟状态。

卧云室最早是禅师安居禅坐、止息杂虑的地方，惟则《云南尊讲主请》云："呆汉少机锋，安居卧云室。"即描写卧云室中的清净生活。外观，卧云室并非高耸入云，恰恰相反，它位于园东假山中央的平地中。民国时期贝氏重建该处时，以重檐歇山卷棚顶方形楼阁的形式呈现，坐北朝南，整体为"凸"字形，用抱厦串起两层，屋顶是半个四方攒尖顶。从南面看，屋顶是横脊极短的歇山式；从北面看，楼阁向外凸出。两种形式连接在一起，上下各六只戗角飞翘，且每个戗角上都塑有梅花、荷花、葫芦等精美的图案，造型奇特，形制少见，为苏州园林中独一"室"。遥望此楼，浓荫蔽日，怪石峥嵘，宛然一幅"深山藏古寺"的天然图画；而在卧云室楼上推窗观望，假山顶上五峰耸立，有含晖、吐月、立玉、昂霄等林林总总的山石，最著名的是南面居中的狮子峰，高大、雄奇如狮舞，形态生动，兼具瘦、皱、漏、透的湖石之美，为园中诸峰之冠。五峰之外仍有诸多模拟狮子形态的奇峰怪石与之相映成趣，或立或卧，或静或动，或俯或仰，或舞或斗，或群组或散点，均面室而立，似僧众率怪狮异兽顶礼膜拜。似乎在此地，狮子林之名才实至名归。

卧云室

清赵霆《摹徐贲师子林十二景·狮子峰》(《狮子林纪胜集补遗》)

二、卧云室之"云"

卧云室周围空间极其狭小，稍显逼仄，予人似身处石壁重重的山坳之感，但绝妙之处在于四周高低起伏的群峰相拥，使人如在云间。而云在禅家的眼中，既是自然物，又是禅理寄托的对象，不仅有着孤行高洁、自由恬适的情怀，也蕴含着生活的态度和人生的哲理。

古人以为云触石而生，呼石为"云根"。唐杜甫《题忠州龙兴寺所居院壁》："忠州三峡内，井邑聚云根。"明末清初著名的杜诗研究者仇兆鳌在《杜诗详注》中注曰："五岳之云触石出者，云之根也。"所以"云根"的基本义就是"云起之处"，云起之处为山石，"云根"的引申义就是山石。关于云根的诗句不胜枚举，如晋张协《杂诗》"云根临八极，雨足洒四溟"；唐贾岛《题李凝幽居》"过桥分野色，移石动云根"；宋梅尧臣《次韵答吴长文内翰遗石器八十八件》"掘地取云根，剖坚如剖玉"；近代傅專《瘗鹤铭》"墨痕斑驳藓花湿，云根割取如人立"。

北京故宫御花园内有座假山名为"堆秀山"，山的东脚正面石壁上刻有乾隆皇帝御题"云根"二字，用以赞美石山有层云叠起的美姿，这是云根和赏石结合的明证。苏州园林也多有以湖石为云者，如网师园东北梯云室庭院西墙堆叠湖石假山，取唐张读《宣室志》"唐太和中，周生有道术……能梯云取月"句意；留园明瑟楼楼梯外用太湖石堆砌而成，梯边一峰上镌"一梯云"三字,均取登假山如踏云雾之意。

　　湖石堆叠的假山,是狮子林兴建的基础,也是狮子林的文心、匠心所在。而狮子林中部环绕着卧云室的山体,一般认为是元代山体的遗存。这些山体建造之初,并非仿拟真山山体那样侧重洞壑、峰石为叠山主旨的园林意境,用作可行、可赏可游的俗世登山体验,而更多地融入了象征禅宗悟道、修行的抽象目的,体现出佛教中更多关于幻想、时空的观念。比如通过高超的堆叠技艺体现出山体的动势与险峻,通过急促的山体俯仰变化,使人真切感受到近似山林野趣般的离奇,感受到清幽恬淡的禅悦之意。

三、文献中的卧云室

　　狮子林建园之初即有卧云室,延续至今,这在历史上的诸多书画文献中可见一斑。惟则《师子林即景十六首·其九》云:"卧云室冷睡魔醒,残漏声声促五更。一梦又如过一世,东方日出是来生。"点出他修炼山林禅过着神床瓦灶式的简朴生活。此后危素《小偈奉简卧云室中老师》等都对卧云室作专门描述,表明了狮子林尚朴、归真的风格。贝仁元在1925年撰写的《重修狮子林记》中对当年重修的情况进行了详细说明,其中就提到他在元代的旧址上对卧云室进行了重建。而体现元代创建时期状貌的朱德润《师子林图》、倪瓒《狮子林图》、徐贲《狮子林十二景》等,诗咏配画,虚实结合，可以确定当时的寺院建筑中已有卧云室的存在。

在惟则谢世十八年后，明洪武五年（1372），著名诗人高启与张适、王行、申屠衡等人合作写下《师子林十二咏》，记录了狮子林当时的概况。从高启所作序中可见，狮子林当时并未因朝代更迭而有变化。其中有一首诗专咏卧云室，诗曰："夕卧白云合，朝起白云开。惟有心长在，不随云去来。榻前轻冉冉，衾上湿溟溟。共作无心梦，山禽唤不醒。入窗才一缕，满室便氲然。任彼频舒卷，山僧自稳眠。朝卧白云东，暮卧白云西。白云长共我，此地结幽栖。童子爱白云，闭置密室内。不如放令出，去住得自在。虚室常参罢，身与白云闲。且作舒足卧，风来自掩关。白云从何来，入我窗户里。舒足卧氤氲，春禽呼不起。夜静起山深，随风舒片影。漠漠覆柴床，独卧衣裳冷。"

虽然临济僧终日苦修，但"苦"字也并非他们生活的全部。禅宗讲求在自然中体察万物，在天地间体悟禅机，而这种体察与体悟，又往往是通过静虑来完成的。卧云室恰好为禅僧们的静虑提供了象征着天地自然的最佳场所。此处云生高山，绕之峰腰，人在这里仿佛置身于巍峨的山巅之上，"朝卧白云东，暮卧白云西"。这种想象如王维诗引起的想象那样，由心的作用，移景，移情，进而转换时空，飞升到几千米，真若高处云端。"虚室常参罢，身与白云闲。"一个"闲"字，即将我融于物中，不知何者为我，何者为物，只知心中那片寂静。这里的"闲"不单单是闲逸之感，更是一种空观的自然，是一种禅定的境界。

茅蓬趺坐独安栖
五字吟成道
衍传可惜夜深
激脉注当头捧
喝星何禅

局镐总忘横魔外自难入虚圆
日夜明一尘元不立

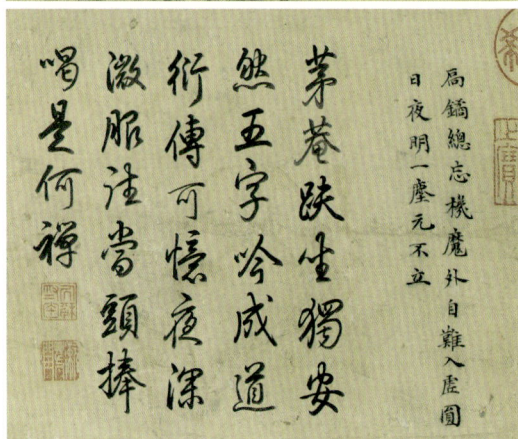

明徐贲《狮子林十二景·禅窝》（台北故宫博物院藏）

四、卧云室与"城市山林"

在卧云室，惟则画像的上方悬有一块牌匾"卧云室"，由程德全（宣统年间江苏巡抚，后出家）题写于1922年，两侧挂有一副对联："人道我居城市里，我疑身在万山中。"（元释惟则《师子林即景十六首·其一》）这些牌匾正如临济宗惯以"喝"的方式传播教义，点化世人一般，读之使人心旷神怡，如入尘外之境。

"人道我居城市里，我疑身在万山中"，意思是别人说我居住在城市里，我却怀疑自己生活在万山之中。诗句用大白话写成，却引出了"城市山林"的概念，"不出城郭而获山林之趣"从此成为苏州园林营造的最基本的美学法则。

一方面，这是对狮子林最真实的写照。狮子林地处苏州城东北，历来身处繁华与嘈杂之中，但在粉墙之内，黛瓦之下，有着非常多的假山和奇峰怪石，也营造了一种"结庐在人境，而无车马喧"的僻静，是真正客观存在的"万山"。

另一方面，诗句也有更高一种意境的理解。本来只有数亩地的狮子林，在惟则看来已然超越了本身的环境与景致，不完全是城中的一块宅园了，而是一座巍峨雄阔的大山——天目山（惟则师祖原妙禅师修行之处），这是一种直觉，甚至是幻觉，用铃木大拙（日本著名禅宗研究者）的话来说应该是"深入到事物最本质处的明亮的洞察力"。同时，从《天如惟则禅师语录》中可以看出，狮子林初建时极其简陋但充满野趣的环境、众僧十分艰辛的生活等,都在本质上体现了禅宗不要人向"外"寻觅,而是向"内"体悟本心的精神。

五、卧云室与旧藏

卧云室旧有对联两副,今虽不存,但如今细细读来,仍觉余味无穷。

一是"曲径通幽处,园林无俗情"。这是一副集句联,出句取自唐常建《题破山寺后禅院》诗句"曲径通幽处,禅房花木深",对句取自晋陶潜《辛丑岁七月赴假还江陵夜行途口》诗句"诗书敦风好,林园无世情"。这副对联由清末著名学者湖南人王闿运撰书。卧云室环境清幽,为不可多得的隔尘静悟理想环境。近七百年前,天如惟则禅师隐遁于山林丛莽,时常卧游于此,不断体悟到自然与生命的庄严法则。这份禅意,即使在以"曲径通幽"而著称的苏州园林中也是多么出类拔萃啊。而东晋诗人陶渊明所具有的精神家园,通过将田园山水的诗情画意与中国哲学、美学、文学等紧密相连,在园林闲适幽雅的景色中得到了最好的诠释与升华,所形成的高雅脱俗情调,对苏州古典园林也产生了深远的影响。

二是"吴会名园此第一,云林画本旧无双"。出句写狮子林在苏州诸园中的特殊地位。狮子林为禅意园林,风光与苏州其他园林有异。园之东南部峰峦峻奇,峰石模拟人体与狮形兽像,寓佛教气氛;园西则亭台楼阁,流泉飞瀑,颇具自然山水之趣。从这个意义上说，狮子林无愧为吴中名园第一。对句追溯了元著名画家倪云林与狮子林的特殊关系。倪云林于明洪武六年（1373）应狮子林如海方丈之邀画《狮子林图》，以翠竹、秋山、寒林、寺居等园景着墨，笔简气壮，景少意长，其枯寒清远的画风，巧妙地契合了狮子林建园之初淡静幽旷的独特风貌，成为独一无二的传世之作。

"春信何须问"：问梅阁的文化隐喻

问梅阁是一座以梅花为主题的厅堂，位于狮子林西部假山上，是狮子林西部的主要建筑，也是园林中地势较高的一处厅堂，有三面十分精美的梅花形彩色玻璃花窗，透过窗户能够俯瞰狮子林水岸假山、真趣亭、湖心亭等景色。屋内从头顶的藻井，到家具桌凳，再到地面的地砖铺设，都充满了梅花的设计元素，包括屏门上的书画，也多以梅花为主题，是一座特色十分鲜明的"梅屋"。

"问梅"之名，与"指柏""立雪"一样，来自禅宗公案，《景德传灯录》卷七记载：

> 明州大梅山法常禅师初参大寂（马祖），问："如何是佛？"大寂云："即心即佛。"师即大悟。大寂闻师住山，乃令僧问："和尚见马师，得个甚么，便住此山？"师曰："大师向我道：即心是佛。我

狮子林问梅阁

便向这里住。"僧曰："大师近日佛法有别。"师曰：
"作么生？"曰："又道'非心非佛'。"师曰："这老
汉惑乱人，未有了日。任他非心非佛，我只管即心即
佛。"其僧回举似马祖，祖曰："梅子熟也！"

明州大梅山法常禅师在他见到马祖禅师时问他："如何
是佛？"马祖告诉他："即心即佛。"法常禅师听后即刻便开
悟了，于是来到浙江大梅山修行。后来，马祖为了试探他是否
真的领悟了佛法，就派了一个僧人去问："你见了马祖，听闻
了什么？"法常回答："大师对我说'即心即佛'，于是我便来
到这里修行。"僧人又说："大师近来佛法又改了，改口说'非
心非佛'。"法常禅师听后说道："管它什么非心非佛，我只知
道即心即佛。"马祖知道后，赞许地对众弟子说："大众，梅
子已经熟了。"他的意思是，大梅山的法常禅师已经成熟了，
后来法常禅师便被人称为"大梅禅师"。在这里，"即心即
佛"和"非心非佛"都不是拿来追究对与错的对象，只是一种
表象。法常禅师听到"即心即佛"而开悟，是因为他的修行达
到了一定的境界，这时某句话、某个动作，或某件事的发生，
都有可能成为他顿然开悟的开关，与具体的文字语句实际
上并没有太大关联，这就是禅的悟境。"问梅"之名，与"指
柏"相对，皆充满禅意，乃惟则时期所建，伴随着狮子林的建
立而诞生。

狮子林是一座与梅花有着不解之缘的园林，元代的狮子

林中有一株卧龙古梅，颇为有名，从倪瓒《狮子林图》中，我们便可以一窥卧龙古梅的风采。图中，古梅位于全图中下部，从绘画构图的角度来说，这是一个视觉的聚焦点，几乎让人一眼便能看到。画中的卧龙梅枝干苍劲，姿态虬曲，十分惹眼。而倪瓒之所以这样安排，也正是由于这株卧龙梅在当时便声名在外。惟则诗作这样写道："林下禅关尽日开，放人来看卧龙梅。山童莫厌门庭闹，不是爱闲人不来。"

这首诗透露出三个重要的信息。第一，卧龙梅在惟则时期便非常有名，以至于来看它的人络绎不绝。这株梅花之所以出名，或许是因为它独特的姿态，或许也因为狮子林与天如禅师在当时的影响力，但不论如何，那时候的卧龙梅绝对是一个不容错过的"打卡"景点。因此，画家将它放置于画面正中的位置也便顺理成章。第二，狮子林虽是天如禅师修行传法之地，却并不以神秘矜持的姿态自居，一句"林下禅关尽日开"充分说明了狮子林当时其实是一种极为开放的状态。自古江南园林多为私家宅园，朱门高墙，非请勿入，里面的大好景色、亭台楼阁也多为主人及宾客私人享用。而狮子林，至少在惟则时期却是一座开放的禅林，人们要来看卧龙梅，便来看。山童觉得人多嘈杂，打扰了禅林的清静，天如禅师则劝解道："不是爱闲人不来。"原来真正清静的境界，不是与世隔绝，远离人寰，而是在人来人往之中，仍能保持一份内心的安闲与自在。终南捷径，而大隐于市，天如禅师的这份开放与包容，以及身处闹市，却能超然世外的心境与那句著名的"人

元倪瓒（款）《狮子林图》中的卧龙梅

道我居城市里，我疑身在万山中"所体现的思想是融会贯通的。第三，结合倪瓒的《狮子林图》来看，我们也能明显看到，卧龙梅实际上正位于问梅阁窗前，而"问梅阁"的命名也与这株在当时便十分出名的梅树紧密相关。由此，狮子林与梅花的深厚文化渊源可见一斑。

展开徐贲《狮子林十二景》中所画问梅阁，我们能更加细致地看到这株梅花的姿态，它生于丛石之中，松柏之侧，延伸出来的枝干正好位于问梅阁窗前。北宋林逋描写梅花的名句："疏影横斜水清浅，暗香浮动月黄昏。"看了画中的卧龙梅，"疏影横斜"的诗句便有了具体的画面。画旁有姚广孝题写的诗句："雪中疏蕊开，不知暗香发。幽人试问时，正值黄昏月。"这四句诗一字未提"梅"，却句句都围绕梅花而展开，也句句都呼应着林逋《山园小梅》中的名句。"雪中"既点名了地点，也说明了季节，而能在冬天的雪地中开花的，不用说明自然知道一定是梅花；"疏蕊"正对应着"疏影横斜"，几点零星的梅花在雪中淡然开放，"暗香浮动"，让人捉摸不透，因此"不知暗香发"；既然不知道这香气从何而来，便有"幽人试问"，这时正是一天中黄昏降临，新月初上之际，"黄昏月"呼应着林逋所写的"月黄昏"，朦胧的光线，寒冷的气息扑面而来。诗人的笔就像定格时间的相机，将黄昏窗前月影朦胧，星点寒梅雪中开放的画面剪切下来，凝固在诗句之中。读诗读画，沉浸其中，诗句翰墨仿佛带着我们穿越时空，将我们带回了元末明初，姑苏城东北隅那座山石林立的禅院之中。

　　徐贲画中所题这四句诗取自《师子林十二咏》,作者为元末明初的苏州诗人王行。王行(1331—1395),字止仲,号淡如居士,与高启、徐贲等人号为"北郭十友",共同为狮子林留下了许多诗歌与画作。同时,王行自己也是一位画家,因此他的诗也有着更为强烈的画面感,达到了诗中有画,画中有诗的境界。原诗中还有这样几句:"阁中人独坐,阁外已梅开。春信何须问,清香自报来。""春从何处去,复从何处来。持此去来意,一问阁前梅。"可以看到,"问梅"在这些诗句中又有了新的内涵,梅花作为春天的信使,预报着春天的到来,而"问梅"便蕴含着"问春"的意思。梅花开放,意味着春天快要到来,于是诗中说:"春信何须问。"春天的讯息不需要特意叩问,梅花绽放的清香自然会告诉你它的消息。王维《杂诗三首·其二》:"君自故乡来,应知故乡事。来日绮窗前,寒梅著花未?"走进今天的问梅阁,你会看到阁中悬挂匾额,上面写着"绮窗春讯",这四个字化用了王维的诗句,也蕴含了"问春"的内涵,同样是只字未提"问梅",但却字字都隐含着"问梅"的意思,具有古典文化的含蓄之美,亦含有不尽之意于言外的巧妙和隽永。

　　梅花在中国传统文化中历来都有着崇高的地位,古人以梅花凌寒开放的品质比喻高洁坚忍的品格。狮子林有问梅阁,历史上有卧龙梅,这座园林与梅花有着一段互相成就的美好因缘。现在,狮子林更是延续着这段缘分,始终保持着

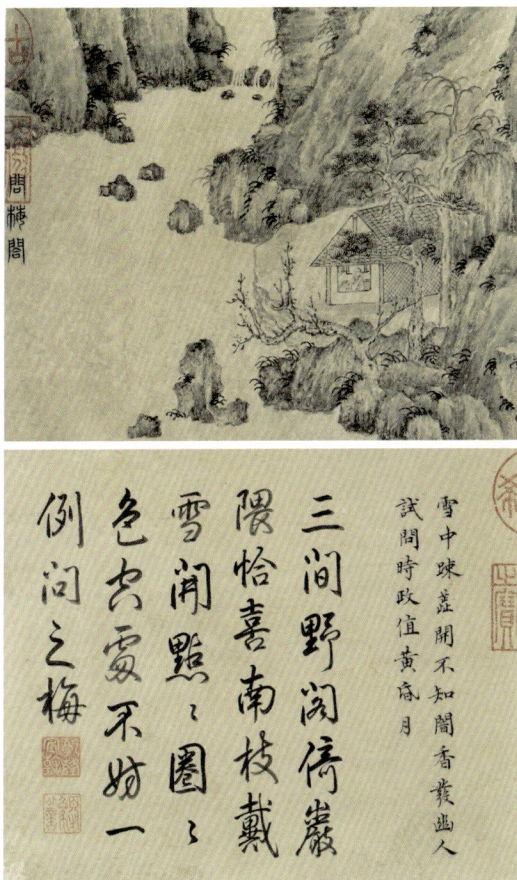

明徐贲《狮子林十二景·问梅阁》（台北故宫博物院藏）

种植梅花的传统，并将梅桩盆景培育成了狮子林的特色花卉。自1988年首次举办迎春梅展以来，每到新春佳节之际，狮子林都会举办传统而隆重的梅花展，几十年来逐渐成为狮子林的经典特色园事花事活动，以至于春节到狮子林赏梅花、闹新春早已成为苏州人过年不可缺少的活动之一。梅花展以梅花盆栽作品展示为主，在狮子林西侧的花房里，栽培了大大小小四百余棵梅花，品种包含宫粉、朱砂、玉蝶、绿萼等，类型包括垂枝梅、直枝梅、龙游梅、枯峰梅桩、造型游龙梅桩等，姿态各异，每到花开时节犹如雪香云蔚，十分壮观。狮子林所培育的梅花经过园艺师们经年累月的精心修剪和养护，枝干强健，姿态优美，每年春节前夕，工作人员都会挑选当年花开最繁，状态最佳的百余盆梅桩，精心布置厅堂、庭院，为游客打造沉浸式游园赏梅的年节氛围。展览结束后，当年展出的梅桩将全部进行落地复壮，回归肥沃土地的滋养，以期今后更好地迎接来自世界各地的赏梅爱好者们。

看回厅堂建筑本身，问梅阁室内陈设布置十分精美，藻井玻璃窗为梅花形状，一盏单层明式四角宫灯，以花鸟绢画装饰，精巧雅致。厅堂内悬匾额"绮窗春讯"，两边楹联："高隐成图，息壤偕盟马文璧；名园涉趣，清诗重和蒋心余。"并有跋，上款：润生先生属题狮子林，两语均用君家故事。下款：乙丑季冬费树蔚撰句，苏寿成书。可知这对楹联为吴江同里人费树蔚撰，苏寿成书，作于1925年。楹联中的"文璧"指的是元末明初的画家马琬。马琬（？—1378？），字文璧，号鲁纯生，金陵（今江苏南京）人，居松江。他擅画山水，师法董源和黄公望，亦工诗文、书法，时称"三绝"。"高隐成图"指的应是倪瓒所画《狮子林图》，而这里提到马文璧，意为贝氏重修狮子林亦延请画家参与设计造园，因此这里的一草一木，一石一水皆有画意，造园的艺术审美是"在线"的。下联中的"蒋心余"指的是清代文学家、戏曲作家蒋士铨。蒋士铨（1725—1785），字心余，号藏园，江西铅山人，乾隆年间进士，作有杂剧、传奇十六种，其诗与袁枚、赵翼并称"江右三大家"。在这里提到蒋心余意为称赞整座园林具有诗歌一般的美好意境，文心园韵，园林与文学也总有着千丝万缕的勾连与渊源，游园涉趣，处处皆有诗意，与游园之人心意契合、心有灵犀。这幅楹联上联说的是狮子林造园的艺术成就，下联赞美的是狮子林园中的浓厚文化氛围，所谓"诗情画意"，无外乎此。楹联当中为一块银杏木屏门，屏门东侧内嵌字画八幅，由南向北分别为吴进贤字、王西野墨梅画、谭以文字、崔护墨梅画、瓦翁字、张继馨梅花画、钱太初字、谢孝思红梅画，八幅字画相间，均以梅花为主题，尽显梅花风格特色。屏风西侧镶嵌钱培兴字画各一幅，中间为屏刻《重修狮子林记》。屏风下供桌摆放园林传统的"三件子"——红木座屏、赏石、花瓶，供桌旁放置一对红木高几，为日常摆花使用。供桌前摆放一张梅花形状的圆桌，配五只梅花形圆凳，极富特色，为苏州园林罕有。

问梅阁南北两端由连廊与园内其他景点相连，北面连接暗香疏影楼和飞瀑亭,南面连接双香仙馆。暗香疏影楼也是一座与梅花有关的建筑,从名字便能看出来,"疏影横斜水清浅,暗香浮动月黄昏",楼的名字取自北宋隐士林逋的著名诗句,因此,这同样是一座以梅花作为主题的园内建筑。该建筑位于全园西北角,为两层楼房,由主楼和附楼共同组成,中间有走廊相连,呈东西狭长形,卷棚硬山顶。小楼面向问梅阁,从二楼的窗户望出去便能看见问梅阁及丛植的梅花,与问梅阁一起形成了园林西北部的主要景观。值得注意的是,这里的二楼嵌有一处彩色玻璃,非常精美,具有民国时期时兴的西洋风格,体现了狮子林中西合璧的园林特色。楼上木地板,连廊处用水泥铺地,地面有暗八仙花纹,南开二十四扇半窗,同样嵌彩色玻璃,楼下为长廊,水泥铺地。

由于暗香疏影楼为贝氏重修狮子林时新建的建筑,因此在狮子林早期书画作品中并没有它的身影。在历史中,它曾作为居室被使用,如今也恢复了园林陈设,并被作为多功能区域,进行研学、讲座、咖啡馆等活化利用。暗香疏影楼与问梅阁之间有一座十分精巧的人工瀑布,也是苏州园林唯一的人工瀑布,由山涧五叠而下,汇入池水之中,尽显西部假山的山林野趣。

在暗香疏影楼和人工瀑布之间,还有一座飞瀑亭,亭内楠木屏门正面刻《飞瀑亭记》,落款"吴县汪远矞撰并书",汪远矞应为民国时期园主贝仁元的好友,他在这篇《飞瀑亭记》中讲述了贝仁元与这座瀑布的特殊关联:"主人久客海

狮子林暗香疏影楼

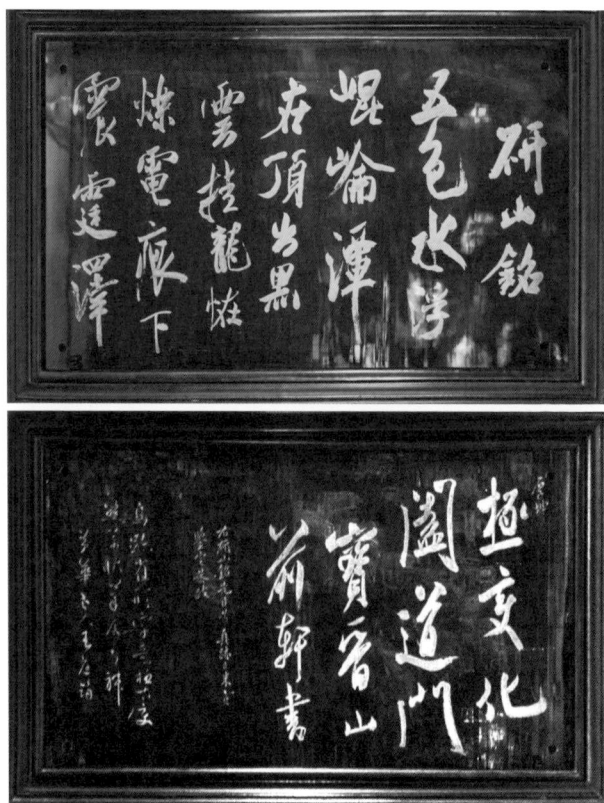

狮子林听雨楼藏贴，宋米芾《研山铭》书条石

上，与海外人士衔杯酒，接殷勤，不亢不卑情意欤。洽主人偶临斯亭，闻声不忘航海景象，亦安不忘危之意尔。"亭内匾额上书"听涛"二字，与湖心亭中的"观瀑"遥遥相对，以瀑布为核心形成巧妙呼应。亭内楠木屏下方由北到南依次刻有杏林春暖、荷净纳凉、东篱佳色、山家清供四幅木刻屏画，精美雅致。亭内设方形石凳、石椅可供休憩，小亭一面连通西部假山长廊，一面由石阶通向假山区域，游客可经由此亭从长廊下来，进入假山游玩，更近距离地观赏瀑布。

问梅阁往南为双香仙馆，呈长方形，单檐卷棚歇山顶，三面围木质半栏杆。所谓"双香"，指的是荷花香与梅花香。另，亭外植有一棵桂花树，每逢深秋则香气四溢。亭内同样设石桌石凳，在此休憩的游客既能观赏廊上镶嵌的米芾《砚山铭》和《虹县旧题》，亦能细嗅草木芬芳，可谓视觉与嗅觉的双重享受。

园内与梅花相关的景点还有一处，是位于全园南面长廊上的正气亭，亭内放置了一块石碑，碑上所刻为文天祥手书狂草《咏梅》："静虚群动息，身雅一心清。春色凭谁记？梅花插座瓶。""正气"二字显然指的就是这位著名的诗人文天祥，他刚正不阿，一身正气，以梅花自况。这首《咏梅》赞颂了梅花清雅高洁的品质，更表达了诗人自己崇高的精神追求与仰天地之正气的豪迈气概。

经过时间的洗礼，时移世易，今天的问梅阁与倪瓒、徐贲画中的问梅阁早已大相径庭，但园林的文脉从未断绝。当你踏入问梅阁，看到眼前各处梅花元素的装饰，读到"绮窗春讯"这样文思巧妙的题匾，透过彩色玻璃连窗，看到远处的一潭清水，水中九曲连廊，点缀湖石，而近处丛植梅花，零星点点散发阵阵幽香，你不会怀疑，这里正是倪瓒、徐贲画中的问梅阁，是惟则、王行诗中所描写的梅花盛开之地。而梅花不畏严寒，清正高雅的精神品质也将在园林的诗画意境之中长留人间。

"立到雪深时"：立雪堂的顿悟

立雪堂是狮子林中一处重要的厅堂。从历史上看，狮子林自元代建园之始便有立雪堂。元代诗人危素为狮子林撰写《狮子林记》，其中提到"传法之堂曰立雪"，点明了这座厅堂的主题与功能：这里是园主天如惟则禅师向学生们传习佛法、讲经布道的场所。

要真正理解并深入解读这座厅堂，需要知道"立雪"二字的含义。说到"立雪"，可能大多数人会联想到儒家经典典故"程门立雪"。这个故事在中国家喻户晓，一直被作为古人尊师重教之典范宣扬，但这里的"立雪"二字实际上取源于一则禅宗公案，人们所熟知的"程门立雪"的故事也是由这则禅宗公案演变而来的。禅宗典籍《传法宝纪》记载：

　　僧释可，一名慧可，武牢人，俗姓姬氏。少为儒，博闻尤精诗易。知世典非究竟法，因出家。年四十，方遇达摩大师，深求至道，六年勤恳，而精心专竭，始终如初。闻大师言："能以身命，为法不吝。"便断其左臂，颜色不异，有若遗士。大师知堪闻道："乃方便开示，即时其心，直入法界。"

慧可是中国禅宗的二祖，俗姓姬，河南人。他自幼博览儒家诗书，并精通道家玄理，后精研佛法，出家为僧。四十岁时，他欲拜达摩为师，初参达摩之时，风雪交加，异常寒冷，为求见老师，他自断左臂而面不改色，鲜红的血液浸染了积雪，达摩才终于同意见他，并传法于他。这就是"立雪"的由来。此后，"立雪"一词所代表的就是这种意志坚定、一心求学的精神。狮子林本身就是天如禅师的弟子们为安顿他们的老师而寻得的栖身之所，因此，作为"传法之堂"的立雪堂便显得格外重要，"立雪"二字也格外贴合这座园林建立的初衷：尊师重道，竭诚求法，一心向学。从慧可立雪的故事里，我们能够感受到狮子林独特的文化基因与文化传统。

经过时代的变迁，立雪堂已不复建园之初的面貌，如今的立雪堂位于园林东南侧，坐东朝西，建筑样式为卷棚歇山顶，山尖饰灵芝、仙鹤泥塑，方砖铺地。南侧有一小天井，西侧有一庭院，院中设置了几处湖石小品供人观赏。值得留意的是，整座园林中唯有这座厅堂面朝西方，正符合了"祖师西来"之意，暗合了"立雪"的内涵。现在的立雪堂是最后一任

狮子林立雪堂及庭院

园主贝仁元在重修狮子林时，根据历史记载重新修建的，虽沿用了"立雪堂"之名，但与历史上元明时期的立雪堂实际上已不是一回事了。

元代建园之初，立雪堂处于什么位置，我们今天并不能准确地指出。2004年东南大学孟平的硕士论文《狮子林史考》中对画中布局略有描述："图中所示布局与高启等《师子林十二咏》、王彝《游狮子林记》所述颇为一致：园门在南，入门可见庭中古柏与老梅枝干虬结，庭东杂植松竹，玉鉴池凿于其中，梅与柏之北为建筑，再北为山石，石中有建筑一座，对应于文献所记的'禅窝'位置，山之三面皆植竹。"立雪堂的位置应在"梅与柏之北"的几处建筑之中：最东面的一间摆有案几，案上有一香炉，往西一间的屋舍中摆放一尊佛像，再西面的则有一僧人立于窗口，立雪堂应该就在这一区域，是这几处建筑中的一处。狮子林管理处的刘霄，根据历史文献和前人已有的研究成果，绘制了一幅《元代布局猜想图》，可以作为参考。

元代的那座立雪堂已不复存在，但同时它也被历代文人墨客通过诗咏与画作留存了下来。今天的我们，依然能够通过这些诗歌和画作去了解它在历史中的面貌与变迁。

首先不得不提到的就是大名鼎鼎的倪瓒倪云林为狮子林所画的《狮子林图》。明洪武六年（1373），倪瓒应狮子林主持如海之邀绘制了《狮子林图》，以墨笔描绘了当时的狮林景色，画中松柏、梅树、苍竹、假山错落有致，有僧人在屋宇

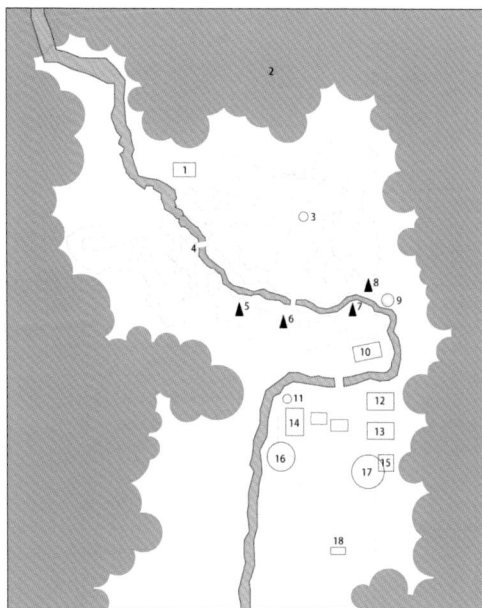

刘霄《元代布局猜想图》
1.栖凤亭2.竹林3.禅窝4.小飞虹5.吐月峰6.狮子峰
7.含晖峰8.立玉峰9.幡经台10.立雪堂11.冰壶井
12.卧云室13.指柏轩14.问梅阁15.冰壶井16.卧龙梅
17.腾蛟柏18.园门

之中，笔简意远，虽寥寥数笔，却逸气横生，至今仍是人们了解狮子林、认识狮子林的重要文献。《狮子林图》画面屋舍简朴，从画中也看不出有多少陈设，有禅宗山林之缥缈气度，少私家园林之精美繁复。元代文人郑元祐写《立雪堂记》，记叙了"立雪"之名的由来和内涵，也写出了这种朴素而不简单的大师居所的特质。文中说狮子林："其为室不满二十楹，而挺然修竹则几数万个。师与其徒休止其中，蒲团禅板如大丛林，勘辩根研，以发明国师之道。"说立雪堂："夫禅自少林立雪传心，垂八百余载，至普应国师而其化益隆。今天如师上继普应，直截众流，洪倡大法，使真参实悟之士永有依归，是则简齐公立雪名堂之意，良有以哉。"

　　这些文字记载向我们描述的是一幅疏阔旷远的景象，"为室不满二十楹"，这里的屋舍并不宽敞，更谈不上富丽堂皇，"而挺然修竹则几数万个"。一丛丛竹林与一座座山石所构成的，是一幅充满浓郁山野气息的"城市山林"，使人不禁联想到《陋室铭》中所说的："山不在高，有仙则名；水不在深，有龙则灵。"元代的狮子林，没有精致的小桥流水，没有繁复亭台楼阁，有的是成片的竹林和耸峙的山石，有的是佛法精深的大宗师和众多真参实悟之士，在"传法之堂"立雪堂中，他们分析、辩论、深思、研究，阐发禅理，昌明真义，一时之间名士贵胄纷至沓来，前来参拜，"获闻一言如饮甘露"。可见，一处园林的兴盛，不仅在于能工巧匠打造的山水和楼阁，或是精致非凡的造景与雕琢。更为珍贵的，是人的精神赋予了它不可替代的价值与意义，是文化的魅力让其成为经典从而永远地流传下去。

倪瓒绘制《狮子林图》的第二年，画家徐贲也应住持如海的邀请，绘制了一套狮子林图册，分狮子峰、含晖峰、小飞虹、禅窝等十二景描绘了狮子林的景象。在徐贲绘制的狮子林图中，立雪堂在松柏的掩映之下，有两位僧人，一站一坐，正在应和问答，十分符合立雪堂的主题。画旁有明人姚广孝题写的释画解题五言诗："兀立夜迢迢，松堂篆霭销。安心了无法，徒受雪齐腰。"这四句五言诗出自明代高启等人所作《师子林十二咏》，其全文如下："堂前参未退，立到雪深时。一夜山中冷，无人只自知。堂上立多时，堂前雪不知。出门天地白，一笑是春熙。独坐暮庭中，齐腰雪几重。不因逢酷冷，那解识严冬。山中夜访师，雪屋定回迟。立尽堂前晓，还同未雪时。心精不知寒，一夜雪没膝。自非真法器，孰能免僵立。本来非祖意，漫尔一相撩。若在言前悟，应无雪没腰。升堂独立时，一言悟未澈。皓皓雪齐腰，凄凄夜寒切。兀立夜迢迢，松堂篆霭销。安心了无法，徒受雪齐腰。"

写作这首诗的诗人应为元末明初诗人陶琛，诗中既有对立雪堂的叙写，也有对慧可立雪这一禅宗公案的感悟。在诗人的眼中，狮子林的这座立雪堂仿佛已经和慧可立雪之处融合在了一起，不分彼此。诗人说："独坐暮庭中，齐腰雪几重。不因逢酷冷，那解识严冬。"仿佛在说自己在狮子林立雪堂中的感受，接着他又说："心精不知寒，一夜雪没膝。自非真法

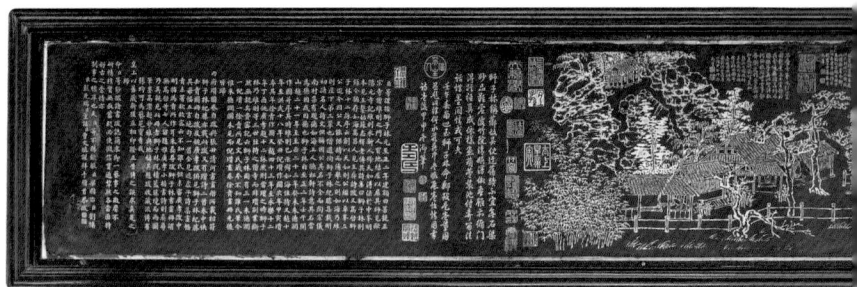

云林清閟

狮子林"真趣亭"旁摹刻的倪瓒《狮子林图》书条石

名存十一二失
诠跋谶陆深云
雪堂儒墨由来
不同道重儓何
必效游杨

几立夜迢：松堂篆霜锁安心
了无法徒受雪膺腰

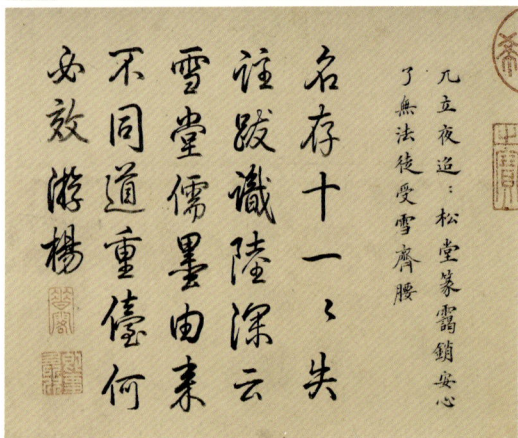

明徐贲《狮子林十二景·立雪堂》（台北故宫博物院藏）

器,孰能免僵立。本来非祖意,漫尔一相撩。若在言前悟,应无雪没腰。"很显然说的是慧可的故事。在诗中,不仅立雪堂与慧可立雪之处合二为一了,诗里的抒情主人公似乎也与慧可"灵魂交汇"。可见,无论是诗还是画,立雪堂都与其背后的故事密不可分。

再看回徐贲的图册,徐贲的画为我们展现了一幅简朴幽静的禅林景境:山中寒气逼人,堂前夜迟雪深,茅草结庐,庭前端坐。画中一坐一立、应和问答的僧人和诗中的"安心了无法,徒受雪齐腰"都契合着"立雪"的意思:传法之堂,安心之所。陶渊明说:"结庐在人境,而无车马喧。"园林正是在闹市之中独辟一片山野。这是中国人对于居所的最高追求——崇尚自然,栖居山水。在这样的环境中,人能够更好地涵养自身的精神世界,内求于心,外化于行。这一切恰如立雪堂及狮子林背后蕴含的文化内涵:对真理永远保持最虔诚的初心,勇猛精进,学习且深思,感悟并自省。

无论是倪瓒的画卷,还是徐贲的图册,或是文人们留下的诗歌、记叙,它们所表现、描述的狮林风貌都是一致的:疏阔、朴拙、与世无争,这便是元末明初,建园之初的狮子林呈现在世人面前的样子。

徐贲的画作完成近一百年后,明代画家杜琼又作《狮子林图》,这是一幅"以图绘图"的作品,不同于倪瓒的长卷与徐贲的册页,杜琼所作为一幅竖轴。在题跋中,杜琼自称此图是根据徐贲的十二景图"属拟其意,目撮大概"画成的,但实际上，他所画的内容与倪瓒的画更为接近，这一点在立雪堂等建筑处体现得尤为明显。对比杜琼与倪瓒所画的其中一处屋宇，屋舍的外形、堂前的树木，包括屋中的佛像，几乎是一模一样的。相反，徐贲画中的立雪堂却和杜琼画的明显不同，至于杜琼为何反而偏要强调，说自己是根据徐贲的画创作的，却只字不提倪瓒，我们不得而知，这确实是一件令人感到奇怪的事。

明中后期到清前期，狮子林寺园分离，几易其名，逐渐没落而不为人知，直到乾隆时期，才因为倪瓒的画而重新兴盛。乾隆帝非常喜爱倪瓒，也十分熟悉他所画的《狮子林图》。南巡时，他来到苏州，凭借倪瓒的《狮子林图》而认出了当时已经变成私家宅园的狮子林，随后他下令重修园林，恢复旧貌，同时也展开了一系列的仿园与仿画的行为，不仅在北京仿建了两座"狮子林"，还不断对倪瓒的画进行临摹和仿写。狮子林也因此重新得到了世人的瞩目，它在清乾隆时期的样貌也因乾隆帝的南巡而被记录了下来。《南巡盛典》卷九十九名胜部分收录了一幅版画，描绘了当时狮子林的整体格局，展现了清乾隆时期狮子林的全景面貌。画中明确标注的地点有狮林寺山门、大殿、藏经阁、御碑亭和御诗楼，其他几处厅堂则并未标注。其中，西部的寺庙部分现已不存，其余的部分从整体上看，轮廓布局与现在的狮子林大体一致，但也存在着一些差别。立雪堂在图中的位置并不明显，推测应在御碑亭以东的区域，虽未具体标明，但能够明

杜琼之画与倪瓒之画的对比

显看到这一时期的狮子林与元末明初时已有了很大的不同，最初疏阔的风格有了明显的转变，建筑的数量多了许多，建筑密度更大，假山堆叠也不止一处了，其整体的面积似乎变得更加开阔，而面貌也从散漫的山野丛林变得更加精致规整，更多地体现了私家园林的风格。明代中期以后至清代，江南地区随着商品经济的发达和社会发展的繁荣，追求华丽精致之风盛行，与此同时，江南私家园林也进入了快速发展和昌盛时期，这一时期的狮子林一改早期疏阔的景象，格局规制严整了起来，曾经不立佛像、不建寺庙的禅宗园林也有了山门、大殿、藏经楼等标准的寺庙建筑，而发源自禅宗公案的立雪堂在其中也逐渐变得模糊，其具体位置与建筑面貌都有些含糊不清，就连这一时期的诗文都极少提及立雪堂。园林在历史中的变迁也像一面镜子，折射出时代的某一个面向。

走进今天的立雪堂，家具陈设、匾额楹联无不完备，一块厚重沉稳的彩灵璧供石彰显着江南园林的雅致与精美，落地罩上方悬挂"立雪"二字，似乎也在向来自四海八方的游客诉说着遥远雪夜里的故事，匾额题跋中写道："狮林主人重加修葺……更于东南隅补筑数楹，署曰立雪，虽栋宇维新，而名称循旧。"可见，无论是建筑还是其位置，此处均非旧时立雪堂，唯一留存下来的，只有"立雪"之名。乾隆皇帝说："翰墨精灵，林泉藉以不朽。"或许我们也可以说，立雪堂的"不朽"，也是凭借着"立雪"这一隽永的名称及其背后包含的丰富的文化内涵。

经贝氏重修的立雪堂西侧庭院也颇有趣味，院落中几组湖石小品各有特色，背后更有许多故事和典故。走廊边东侧为一块牛头形状的石头，其正对着的地面镶嵌一组形似螃蟹的湖石，一对蟹钳尤为生动。这组湖石小品又被称为"牛吃蟹"。"牛吃蟹"实际上是一句苏州方言，表达的意思是做某事"勉强为之，效果一般"，贝氏在这里摆放这组置石的用意在于自谦，向来游览这座古代名园的客人表示，重修狮子林，他已尽了最大努力，至于造园艺术的水平也只是勉强够格，请观者见谅。这当然是主人的一种谦虚，不过这样的自谦之词用这样一组湖石来进行委婉的表达，这种形式本身就是含蓄而充满趣味的。

廊边西侧为一块三孔石，寓意为"三元及第"，表达了园主希望子孙后代勤奋攻读，连中三元的美好愿望。庭院南侧的地面上还嵌有一组形似蟾蜍的湖石小品，只不过这只蟾蜍只有三只脚，其寓意为一则道家典故——刘海戏金蟾。相传常德城内有一只三脚金蟾，为神物，常在夜里从井口吐出一道白光，直冲云霄，有道之人乘此白光可升仙。有一位名叫刘海的青年人便住在这口井的附近。刘海家境困窘，与老母亲相依为命，虽非常贫穷，但为人品德高尚、敦厚老实，侍母至孝。为维持生计，他常上山砍柴，以木柴换取粮食。一次，他在砍柴途中，遇到了一位美丽动人的姑娘胡秀英。这位姑娘实为修行成精的狐狸，因感念刘海高尚的道德品质，愿助其

狮子林立雪堂庭院中的湖石小品"牛吃蟹"

狮子林立雪堂庭院中的湖石小品"刘海戏金蝉"的三足蟾

一臂之力。在胡秀英的要求下，刘海与之成亲。婚后，胡秀英口吐一粒白珠，给刘海作为诱饵，垂钓于其家附近的那口井中。神物三脚金蟾咬钩而起，刘海乘势骑上蟾背，纵身一跃，羽化登仙而去。这就是刘海戏金蟾的故事，在道教典故和民间传说中，三脚金蟾是吉祥的象征，能为主人带来财富和好运。这里放置一组形似三脚蟾蜍的湖石小品，也寓意着为家族带来好运，希冀作为商人家族的贝氏永葆财富。

庭院南侧还有一处小石狮，颇具童趣，是孩子们的最爱。立雪堂庭院西侧为一处复廊，廊上开漏窗，游人行于廊中有移步换景之感，透过漏窗可以看见镶嵌于复廊之上的一扇扇彩色玻璃花窗，非常精美典雅。庭院西侧靠走廊处有一湖石花坛，花坛内栽植白皮松、蜡梅和翠竹，具有文人疏枝横影的审美风格，从圆形漏窗看过去尤具清冽之美，寒冬蜡梅开放之时，好似一幅腊梅竹影图。园林中常见的框景手法在此处得以运用，意境极佳。

"身雅一心清"：正气亭和文天祥的咏梅

狮子林作为苏州佛教园林的重要代表，佛教禅宗文化是其主要的组成部分，但其中的文化内涵不仅于此。儒家文化在园中也随处可见，尤其值得关注的是南宋著名的诗人文天祥的咏梅诗碑，以及为纪念文天祥的"正气亭"。

狮子林立雪堂庭院中的湖石小品"狮子滚绣球"

一、文天祥与咏梅诗碑

正气亭位于狮子林南部走廊的最高处，其形制是一座半亭，攒尖顶，平面呈八角形，东西两侧与廊相连，北有坐槛。亭南墙上珍藏着一方历史名碑——我国南宋的伟大民族英雄文天祥手书咏梅诗碑（高1.5米，宽0.7米）。正气亭内的这首《咏梅》，是文天祥就义前，在狱中写的最后一首诗。其诗曰："静虚群动息，身雅一心清。春色凭谁记？梅花插座瓶。"正气亭上悬挂着一块"正气凛然"牌匾，由诗词书画皆工，被誉为"沪上四老"之一的喻蘅题写于癸亥（1983）中秋，高度颂扬了中国古代堪为人臣表率的文天祥的"正气"，两者相互辉映，凸显出格高思逸的品格。

文天祥（1236—1283），字宋瑞，号文山，南宋著名的政治家、文学家，一生忠义，刚正不阿。作为宰相，他留下了"人生自古谁无死，留取丹心照汗青"的千古名句和世代传颂的《正气歌》，用誓死不屈的实际行动捍卫着儒家"成仁""取义"的教言，展示了宋代文化的人格（精神）力量；作为诗人，他有被后世评为"一代史诗"的《指南录》以记述灾难，表达情感。他一生践行的"法天不息的革新精神、关心百姓的爱民精神、不慕官位的廉洁精神、坚强不屈的担当精神"，教育和激励着一代代中华儿女。尤其他在兵败被元军俘虏期间，多次严词拒绝了敌人的劝降，甚至在元世祖忽必烈亲自劝降许以丞相之职时亦毫不动摇，斩钉截铁地说："唯有以死报国,我一无所求!"

对比文天祥的诸多慷慨之作,此诗恬淡超然,意味隽永。大意是就让那些是非纷扰的念头都安静平息下来吧,自身做到正直高雅,为人就能清澈如水。就好比凭谁能记取春色?无需待到百花盛开,桃李芬芳,有"一枝独领天下春"的梅花插在座瓶中,就已足够。诗中,不仅"群动"可以静止,人的意念包括邪心杂念都可以停息。"静"与"动","身"与"心"的对比强烈,以万物的寂静烘托着环境的安宁,以瓶梅的雅清类比了心情的淡定,不仅道出了诗人在动乱中遇事而安,置生死于度外的气魄,更体现了其一生做事清明,做人清爽,浩然于天地之间的正气。

内容上,诗人借梅咏怀,运用借物抒情和移情于物的表现手法,通过描写梅花的清雅,烘托出他至死不渝的爱国之情和宁死不屈的民族气节。形式上,诗碑出于作者抒发感情的强烈需要,执笔豪迈,采用能够比较充分地表现内在情感或情绪的狂草一挥而就,两行草书,挥洒纵横,清秀瘦竣,笔力遒健,结体错落参差,跌宕起伏,像极了绽放的梅花,更增强了诗的感染力,可谓一副难得的"达其性情,形其哀乐"的传神之作。诗情笔意两相辉映,正如清吴其贞《书画记》对文天祥书法的评价"但凡见者,怀其忠义而更爱之"。在此地,读文天祥的诗作,看文天祥的书法,想文天祥的一生,游人总会有一种莫名的感动,进而激发出内心的感悟和能量:在看似最柔弱的文人身上,长着最坚硬的骨头。

狮子林正气亭中文天祥的咏梅诗碑

二、梅花把狮子林和文天祥绾结在一起

狮子林的梅花，是特色，更是传统。建园之初，就有一株近二百年树龄的"卧龙"古梅伴园而生，天如惟则在《师子林即景十四首》中先后有诗云"林下禅关尽日开，放人来看卧龙梅""斜梅势压石栏干，花似垂头照影看"。禅师咏梅固然因梅与佛教（如唐代马祖问梅的公案）渊源深厚，但梅与狮子林的关系确实非同一般。元代大画家倪瓒所画《狮子林图》中，遒劲苍古的卧龙梅，被放在画面的第一层次（古柏尚在其后），非常抢眼。此后潘世恩"问梅还指柏，莫傍小乘禅"、钱泳"寻春闻说狮林好，借问谁家黄状元"、李果"春晴携友远相访，山茶红艳江梅吐"等诗，都说明了"梅"在狮子林文化历史中的独树一帜。狮子林最初就有的建筑"问梅阁"也表明了梅与狮子林关系的非同寻常。

当今狮子林的"梅"，集中在园西部土山上（贝仁元于民国初疏浚水池时挖泥沿墙堆成的土山），山西北有"暗香疏影楼"（宋林逋《山园小梅》"疏影横斜水清浅，暗香浮动月黄昏"），山西顶有"问梅阁"（唐王维《杂诗》"来日绮窗前，寒梅著花未"），西南有"双香仙馆"（夏日里荷花的香远益清，冬日里梅花的暗香浮动），南有文天祥诗碑亭，组成了狮子林不同于其他苏州古典园林独特的梅花文化景象。虽然卧龙梅早已不在，现"问梅阁"也非元制，但今天的园中梅、问梅阁及其他"梅"元素，与昔时确实是血肉相连、一脉相承的。

梅花在我国有着丰富的文化精神内涵，特别到了两宋时，梅花被推为"群芳之首"，成为崇高文化的象征。宋人所普遍具有的梅花情节，使得咏梅之风臻于日盛，蕴含了诗人们对于时代、人生、命运的刻画，对审美、思想、情感的寄托。有人赏其耐寒、美其情操，如王安石"墙角数枝梅，凌寒独自开"、朱熹"梦里清江醉墨香，蕊寒枝瘦凛冰霜"；有人赞其绝俗高洁，如陆游"零落成泥碾作尘，只有香如故"、辛弃疾"更无花态度，全有雪精神"；文天祥则咏其清雅忠义之心，用委婉但坚毅的大白话，淋漓尽致地表达出自己内心的傲气及坚贞不屈的精神：

> 梅花耐寒白如玉，干涉春风红更黄。
> 若为司花示薄罚，到底不能磨灭香。

> 香者梅之气，白者梅之质。
> 以为香不香，鼻孔有通窒。
> 我有天者在，一白自不易。
> 古人重伐木，唯恐变颜色。
> 大雅久不作，此道岂常息。
> 诗翁言外意，不能磨灭白。

文天祥的这两首题咏梅花的诗作，都是托物言志，表达自己对崇高精神风貌的追慕。前一首七言绝句，前部分从梅花的耐寒和颜色特点入手，表现了梅花的高洁之气；后部分把春风比喻为花神的戏谑和淡淡的处置，以此抒发对强权的蔑视之情，结尾一句"到底不能磨灭香"更是掷地有声，以花香不变表达自己的志向——决不妥协。第二首五言律诗，通过对梅花"白"与"香"的分析与描写，得出"白"是梅花的本质，可以看作是对梅其一"干涉春风红更黄"句的补充。诗中特别引用了《诗经》中《大雅》和《小雅》的内容，用"伐木"指代友谊，用来描写作为"岁寒三友"的梅十分确切，第五句则直接使用"大雅"一词指代正气。可见，两首诗都表现了诗人一定要与梅为友，以梅为榜样的傲骨和正气不没、可歌可泣的高洁品行。除此之外，文天祥《南安军》"梅花南北路，风雨湿征衣"、《冬晴》"可怪新祈雪，相思久别梅"等诗作多次咏梅颂梅，可以说，梅花是作为民族文化和精神的意象出现在文天祥诗中的，读懂了文天祥的梅花，就读懂了他深沉的爱国情怀。

三、文天祥与苏州

南宋后期，元兵进军江南。德祐元年（1275），南宋朝廷起用文天祥为兵部尚书，后改派为浙西、江西制置使兼平江知府。10月，苏州危在旦夕，文天祥到苏州指挥抗元斗争。当时，文天祥部署兵力作久守计，但元军轻骑袭击独松关（浙江余杭县西）成功，威胁宋廷。于是朝廷急令文天祥移兵余杭。

在朝廷屡次催促下，文天祥被迫留潜说友、王矩之等守卫苏州，自己匆匆赶回临安（今浙江杭州）。但事隔三天，苏州守将王邦杰就开城门（阊门外寒山寺）投降了元军，抗元斗争遭到失败（明王鏊《姑苏志·名宦三》）。苏州沦陷后，元军没有遵守议和时所保证进城不杀一人的诺言，大肆杀戮。当地百姓知晓内幕后，十分痛恨降官，非常怀念带领士卒保卫苏州、顶住元军的文天祥。文天祥在苏州时间虽短，但深孚众望。元至元二十年（1283）他在大都遇害后，苏州百姓更是悲痛万分，在城中心旧学前建祠纪念。

甚至到了二百多年后的明正德六年（1511），当地民众仍然思之不忘，通过巡按监察御史谢琛上奏，请求朝廷为文天祥建祠。明廷顺应民众期盼，将文天祥祠定为专祠，给予封号，并请王鏊（明代名臣、文学家）作《吴郡建文丞相祠碑记》。祠建成后又在旁边修建正气堂，由内阁首辅李东阳和顾鼎臣分别题写"正气堂"匾额、作《正气堂记》。可见，文天祥在苏州影响力之大，其忠义形象也得到了进一步塑造与提升。

文天祥任苏州知府只有短短的两个月不到，但与苏州结下了不解的情缘。他曾写下了不少诗篇，为后世留下了关于苏州城的一些重要记载。

他在《苏州》（其五十四）中写道："嵯峨阊门北，朱旗散广川。控带莽悠悠，惨淡凌风烟。"文天祥来到苏州的德祐元年，也是蒙古和宋朝最后一战（临安之战）的发生之年。这一年，忽必烈下定灭宋决心，命伯颜率军直逼临安。伯颜受命后，确定了"分诸军为三道，会于临安"的作战部署，其中中路由他亲自率水陆两军出镇江，向常州、平江（今江苏苏州）进军，在经历血战攻破常州后，再派都元帅阇里帖木儿，万户怀都率兵攻无锡、平江扫清外围，为元军最后攻陷临安起到了关键性作用。此诗应是在经历上述战争后对苏州古城破败景象的真实描写：高耸险峻的阊门（苏州古城之西门）城楼以北，战旗遍地，城垣水像带子一样环绕，苍莽辽阔，惨淡凄凉地弥漫着战乱的风烟。可以说，诗作既用景物描写烘托出情调的悲凉，又抒发了诗人对当时局势的极深感慨。

在另一首《平江府》诗中，文天祥不但写出苏州在战争兵燹中的荒败景象，也直接抒发了自己矢志不渝、力挽狂澜的坚定决心。其诗曰："楼台俯舟楫，城郭满干戈。故吏归心少，遗民出涕多。鸠居无鹊在，鱼网有鸿过。使遂睢阳志，安危今若何？"

祥兴元年（1278），文天祥奉命出使与元军谈判，为元军扣押北上，途经镇江时，文天祥趁机逃脱南下，又路过苏州，百感交集写下此诗。诗的一、二句写他在楼台高处俯视，苏州城满是战船和兵器，充满了战争的气氛，好一派动荡衰敝的景象；三、四句用"故吏"和"遗民"两词点出南宋已亡，指出报效祖国之人的归心越来越少，像诗人这样的志士越来越多地伤心流泪；五、六句用《诗经》的两个典故"鸠占鹊巢"和"鱼网鸿离"说明南宋和元代的交替；七、八句用唐安史之乱时期张巡和许远在睢阳（今河南商丘）力挽狂澜的典故，表明自己矢志不渝的家国情怀。

文天祥的这种家国情怀和儒家知识分子心系天下苍生和家国命运的情怀，在苏州本地一直深受推崇，世代衍续。特别是明代的"新苏州"人——文氏家族，因为与文天祥同姓，便自觉地承继这份儒家文化的精神遗产。

文天祥是江西庐陵人，而苏州文氏祖籍在湖南衡阳、衡山，因为有着共同的姓氏，一般认为他们之间有着千丝万缕的联系。实际上，早在文徵明的父亲文林初修族谱时就明确表达，自身并非文天祥后裔，其祖先在宋咸淳年间因官徙衡，时间上与文天祥相当，不可能是文天祥的后裔。这一认知直到清中期仍然是文氏家族的共识，在文含偶得的庐陵旧谱中，也勾勒出苏州文氏与文天祥遥远的关系。但因为文天祥被元廷杀害后成为后代士人所不断想象并标榜的忠臣、纯臣，文氏家族自然会不自觉地借用文天祥这一人格符号来进行想象和认同，加上历史上杨循吉、王鏊、黄道周等人对这种不符实际的情况进行了联系与塑造，暗示了以文徵明、文震孟为首的族人具备了忠诚正直的人格魅力和精神力量，从而进一步抬高了苏州文氏家族的地位。

总之，无论是他人不厌其烦地凝视苏州文氏家族，将他们与文天祥联结起来，还是文氏族人自觉以文天祥来进行自我形象的塑造，实际都展现了文天祥作为一种人格符号对苏州文氏的深刻影响，以及他在文氏家族中占有的重要且有趣的位置。

后 记

　　1935年，贝仁元重葺狮子林，修葺之后，请文人书家撰文撰联。在揖峰指柏轩一楼有一副抱柱联，为姚宝燕题撰、钱经铭书，联语曰："看十二处奇峰依旧，遍寻云虹月雪溪山，最爱轩前千岁柏；喜七百年名迹重新，好展朱赵倪徐图画，并赓元季八家诗。"这副楹联清晰准确地写出了吴中名园狮子林的悠久历史，以及这座名园与诗文书画之间密切的艺术渊源和联系。

　　狮子林是中国园林史上，文化内涵最为丰厚的一座古典园林。就古典园林营造艺术本身而言，无论是建筑技术层面的所有要素和技术、工艺，景境的设置、营缮，还是园林花卉、植物配置所涉及的园艺、环境艺术等诸多方面，狮子林都和其他列入世界文化遗产名录的苏州古典私家园林一样，堪称艺术上的经典范式。我们抛开这些物质文化层面的建筑、园艺等具体问题不谈，狮子林在近七百年的发展、变迁历程中，历时性层累而逐渐积淀的文化底蕴博大而丰厚，多元化、多重性、全方位叠加，最终构成狮子林独有的文化内涵。狮子林文化内涵的多元化、多重性、全方位，主要体现在以下几个方面。

（一）佛教"指柏""问梅"的禅宗文化、"城市山林"中的道家哲学和"正气亭"中儒家人格精神的辉映

狮子林在建园之初，是以佛教园林的面貌与世人初识的，因而禅宗文化始终是狮子林文化内涵不可绕过的文化底色和基调。从元末明初的"狮子林十二景"到今天园林中的不少景点，都体现了这一点。在天如禅师在狮子林中打造"城市山林"的主题中，多少还让人感受到些许道家文化的味道。南宋爱国诗人文天祥的《咏梅》及其诗碑，自明清以来，自然成为苏州士人的人格精神的标杆。古代宗法制度背景下形成的古代家族文化和祠堂文化，也是中国传统儒家文化的重要组成，这在狮子林中也有很好的展现。

（二）苏州、北京、承德"三狮竞秀"，皇家园林和私家园林互融互摄的结果

狮子林因乾隆皇帝的偏爱，得到了其他江南私家园林未曾有的待遇。乾隆帝数次巡幸驻跸苏州狮子林，因而园中留

存有大量的皇家元素，包括黄轩特意修建了鎏金髹饰的"真趣亭"，建筑本体和匾额上有盘龙的纹饰，这是其他很多私家园林中所没有的。圆明园中的长春园狮子林和承德避暑山庄中的文园狮子林，无不是以苏州狮子林为母本建造的，因而就这一意义上来看，苏州狮子林与北方皇家园林有着不同寻常的关联。"三狮竞秀"，可以说是中国园林史上的一段佳话，而这背后，实则体现了皇家园林和江南私家园林在营造中的互融互摄。

（三）随着时代的变迁，历代主人留下的文化层累标本，有古今演进之迹，更有中西合璧的风貌

狮子林自天如禅师建造以来，在近七百年的发展历程中，虽然多次易主，屡经兴废，但太湖石假山石峰群和梅花、古柏、绿竹，始终是其最基本，也是最重要的组成和基本格局，直到今天，"石毅梅香"依然是狮子林文化中尤为突出的主旨。在历代绘画作品的形象记载中，狮子林的整体风格始终是传统的吴风吴韵，传统的江南宅院建筑点缀在湖石群峰之中，错落有致，明清时期，始终如是。民国以来，贝仁元拥有狮子林之后，在修葺改建中，把现代西方的物质文明和西方的艺术融到传统的古典园林中。彩色玻璃和水泥等建筑材料被广泛使用，铁艺被运用在花窗、栏杆上，还有一批西洋审美风格的装饰被用在建筑上，如"读书便佳"门楼等。这一切

尽显狮子林主人贝仁元面对现代文明，在尖锐批评意见不断的情形下，也不失文明互鉴、大胆尝试的勇气，使狮子林在苏州一众古典园林中独具中西合璧的特色。

（四）诗文书画与园林艺术的多元、全方位互动交融

苏州古典园林绝不仅仅是一座花园，现在人们习惯于把中国的园林翻译成"garden"，这样理解中国古典园林，无疑是简单粗暴的，是把苏州园林理解成一个经过精心构图、营造的建筑物或建筑群。在笔者的理解中，始终认为园林的物理空间中，更有一个长期以来被人们所忽视的文化精神空间，园林是园主人精心构结的精神家园和心灵绿洲。诗文书画的创作、歌咏，无疑是这一精神活动的艺术表现形态和物质外化。狮子林风雨走过六百多年，一次次的文人雅集，无数篇诗文题咏，大量的书画丹青，无不为之增色。苏州各大园林中的风雅聚会，无论次数、规模、规格、作品数量，还是影响力，都几乎难出狮子林雅集之右。

至今依然存世的狮子林诗文书画作品，尤为完整而丰富。透过这些艺术作品，我们不仅可以追溯园林的历史，遥想狮子林每一次艺术风雅中"胜友如云""高朋满座"的盛况，更可借此来探究一代代园主及其友朋内心丰富的情感世界，以及深邃的哲理思辨和人生思考，进而真真切切地用文化的视角来读懂狮子林中一山一水、一草一木，以及厅堂楼阁、亭

台轩榭的文化内涵和深层意蕴。

　　有鉴于此，我们以诗文书画为出发点，通过描绘狮子林的历代绘画作品（包括民国老照片）及题咏狮子林的历代诗文作品，来做这方面的艺术探究。这是前人很少关注的视角，因而工作的展开和推进，极少依傍。好在我们的团队中都是苏州市狮子林管理处同仁，长期工作在园子里，对园中山水景物有着非常深厚的感情，对园中的每一处细节都了如指掌。我们在系统搜集和研读历史文献和历代书画作品的基础上，把书本和书画上所透露、折现出来的信息，哪怕一点点的蛛丝马迹，亲自在园子里寻找印证。在一次次的集体讨论中，每位同仁都很坦诚地把自己的收获和大家分享，经过两年多的通力合作和仔细打磨，终于有了这样一部较为成型的《诗画狮子林》，也可以为前期的研究工作暂告一段落。但是我们明白，这一全新的研究视角、全新的研究工作还刚刚开始，很多问题还有待进一步深入，书稿中的不当之处自是难免，还祈请大方之家不吝赐教。

　　我们这项研究工作，是在苏州市狮子林管理处张婕主任的建议下进行的。在整个项目的开展过程中，张主任为项目的组织和协调，付出了大量的辛劳，尤其是在资料的搜集整理和调配中，费力尤多。为了锻炼狮子林管理处工作人员的业务能力，特别是园林文化的研究能力，张主任安排管理处的同仁利用工作之余的时间进行专题研究，担任本书下编相关章节的撰写工作，希望大家在研究和撰写书稿的过程，深挖狮子林每一个景点的文化内涵，练好内功，把狮子林的文化发扬光大。这些年轻的同仁，都是国内外名校毕业的研究生，有建筑专业的、艺术专业的、文学专业的、史学专业的，大家相互学习，相互探讨，不仅从自己擅长的学科领域解读狮子林，也在尝试着进行跨学科的综合研究。这是张主任组织这一园林文化研究项目的初衷，现在看来，已经得到了很好的实现。

本书文稿由我和狮子林管理处各位同仁分工完成，具体分工如下：杨旭辉撰写上编第四章第一、四节以外的所有章节；刘霄撰写上编第四章第一、四节；顾芸撰写下编第五章第一节、第六章第一节；张文博撰写下编第五章第二节；张婕撰写下编第六章第二节；任栖瑶撰写下编第六章第三节；陆脉撰写下编第七章第一、四节；王萱撰写下编第七章第二、三节。最后由我对所有书稿进行统稿和审读，并做最后章节的调整和修改。感谢天平山管理处俞正阳先生提供部份资料图片。

在整个课题完成之后，我们所有的人都没有丝毫的轻松感，自觉园林文化研究的征程漫漫，有更多、更深、更细致的工作需要我们去完成。希望国内外所有有志于苏州园林保护、传承的同道，一起加入这项艰巨而重要的工作中来吧！

杨旭辉

2024年谷雨时节，写于苏州城南菰蒲深处